SUZANNE VALADON

BLANCA BRAVO

SUZANNE VALADON

Mírate a la cara

edhasa

Consulte nuestra página web: https://www.edhasa.es
En ella encontrará el catálogo completo de Edhasa comentado.

Diseño de la cubierta: Edhasa, basado en un diseño de Jordi Sàbat

Ilustración de cubierta: Fotografía de la pintura Suzanne Valadon
en su juventud, de origen desconocido.

Primera edición: junio de 2024

Diputación, 262, 2°1ª
08007 Barcelonas
Tel. 93 494 97 202
España
E-mail: info@edhasa.es

ISBN: 978-84-350-2769-4

Impreso en Huertas Industrias Gráficas

Depósito legal: B 10024-2024

Impreso en España

Para Blanca, mi madre,
por todo.

Para María, mi hija,
porque pintará su alma al óleo.

Para Pau, mi hijo,
por su mirada llena de vida.

«Tienes que ser dura contigo misma,
ser honesta y mirarte a la cara»,

Suzanne Valadon

«Soy Yo, y espero ser cada vez más Yo»,

Paula Modersohn-Becker

«Es preciso haber muerto varias veces para pintar así»,
Vincent Van Gogh

Salvaje, voraz y creativa. Así fue la vida de la pintora Suzanne Valadon, que transcurrió en el Montmartre de fines del siglo XIX e inicios del XX. En un momento en el que las mujeres eran relegadas al salón burgués, al claustro conventual, a la máquina proletaria o al lecho prostibulario, Suzanne no se dejó encasillar. Hizo lo que quiso sin mirar atrás, fijando la vista en su rostro, autorretratándose una y otra vez en el deseo de comprenderse.

Entre lienzos, hijo, amantes y alcohol, consiguió salir de la extrema miseria en la que había nacido para llegar a disfrutar del reconocimiento de los exigentes círculos artísticos parisinos y de una notable fortuna que no le preocupó malgastar antes de morir. Entretanto, pintó su vida de colores, se la comió a mordiscos y se la bebió de un tirón.

Alma libre, espíritu inquieto, mala madre, buena hija, amante tan inolvidable como ególatra y artista genial, Suzanne fue, sobre todo, una mujer que supo dejar rastro.

Índice

¡Maurice! ¡Este repentino dolor de cabeza no me deja pensar! Se van los colores... Desaparecen... Se van todos y llega el negro, sólo el negro. ¡Qué lástima! Justo ahora que empezaba a comprenderlos... Pero debo explicártelo antes de que se me olvide, para que te prepares, para que sepas cómo vivir antes de que lo oscuro lo devore todo, mi pequeño MauMau, Mau de gato, Mau de Maurice.

Capítulo 1
La impresión de un retrato

Sitges amanece naranja en el horizonte. La impresión es la de un mar de fuego que bebe con calma en la orilla. Es el cuarto día del año veintidós. Quim y yo estamos en un hotel del paseo flanqueado por palmeras, en una habitación con balcón orientada al mar. Me he despertado muy temprano. Por no molestarlo leyendo bajo la luz de la mesilla, he salido al balcón, al rumor de las olas tranquilas. No hace frío, contra todo pronóstico en los primeros días de enero. Los colores van variando con una rapidez espectacular: del azul cobalto al acero, de ahí al rosado, al fucsia, al rojo y, finalmente, al naranja fulgurante que invade cielo y mar. Con esa impresionante paleta de colores fija en la retina, empieza mi día.

Horas después, vamos los dos vagabundeando con calma por las calles estrechas del casco antiguo, encaladas hasta el delirio. Con el sol ya en lo alto de un cielo sin nubes, en la zona que va desde la placita de la iglesia hasta la estrechísima Quinta Avenida, el resplandor de las paredes blancas y del mar de espejo nos ciega. Acabamos entrando en el Cau Ferrat con el recuerdo vago de una visita antigua. Buscamos, como siempre que entramos en un museo, una casualidad, una sorpresa, una chispa.

Apenas son las once. La mañana está por delante y vamos recorriéndola, llenando nuestro tiempo con los rincones del museo –antes vivienda– abarrotado de objetos: calderos, figurillas, cuadros, y, de pronto, el dibujo de un perfil de mujer a lápices de colores. Está colgado sobre un piano de madera labrada, bajo un espejo de marco dorado, frente a unos cuantos picassos pintados con apenas dieciocho años. Se trata de una sencilla y pequeña ilustración, que pasa desapercibida en una sala de pared alicatada, repleta de muebles. Sin embargo, hay algo en la fuerza de los rasgos tristes de esta mujer trazada a lápiz que me seduce. Me aproximo y la miro de cerca. En la firma, una gran U incluye dentro una M. No sé quién es ella ni quién firma el retrato. Al lado, hay un par de rostros más dibujados también con lápices, uno es el de la Gioconda.

Voy a buscar a Quim a la sala que antiguamente era cocina, donde lo encuentro absorto en la observación de unos cuantos cascos militares de guerras pretéritas, agujereados por la metralla.

Quim es profesor de historia, de geografía y de historia del arte en el mismo instituto en el que yo imparto literatura. Lo sabe todo sobre el relato oficial referido a la pintura y su evolución. Incluso ha profundizado en algunas de las mujeres artistas menos conocidas que han sido rescatadas por los manuales recientes, más allá de la explotadísima y víctima de la más cruda comercialización Frida Kahlo, y de las cada vez más estudiadas Sofonisba Anguissola y Artemisia Gentileschi. Si esta mujer es una pintora o alguien relacionado con los modernistas, él lo sabrá. Lo llevo hasta el lugar donde está el retrato.

–¿Sabes quién es? ¿Identificas su rostro?

Mira el dibujo con esa curiosidad que le brilla en los ojos las pocas veces que ignora una referencia y se queda descolocado.

–No, no la conozco. Espera, que busco en la *info* del museo a los personajes...

Está ya sacando el teléfono de su bolsillo.

–No, no, todavía no. ¡Espera!

Me encanta mantenerme en la intriga al principio, buscar algún hilo que me guíe sin recurrir a lo fácil de la tecnología nueva. Prefiero dar con alguna pista por estas estancias que años atrás fueron alcoba, despacho y cocina; así que me adelanto en el ascenso al primer piso mientras él regresa a la contemplación de los cascos de guerra.

Al llegar a la sala superior, observo que un vigilante recorre con una cierta disciplina los metros que lo llevan de la pared que da a la calle blanca hasta la que desemboca en el mar azul. Las cristaleras de colores hacen las veces de delta cromático. Sigo al hombre con la mirada. Camina con agilidad, con una parsimonia rígida, casi militar, haciendo ejercicio contra lo sedentario de su ocupación. Me ha mirado al entrar. Lo saludo. Me contesta mientras continúa ocupado en su caminata.

Me entretengo en las vitrinas que contienen valiosas piezas de cristal. Lo veo en su ir y venir de recorrido marcial, deformada su figura por efecto de los vidrios que ahora nos separan. Al poco, llega Quim. Ahora somos tres en el silencio de la estancia, roto sólo por los pasos del vigilante. Le pregunto si puedo tomar alguna fotografía. Sí puedo, sin *flash*. Luego, me atrevo a comentar que tienen piezas excepcionales para ver si me descubre alguna curiosidad en este museo en el que apenas hay información más allá de la aplicación destinada al móvil que no me apetece descargar. Él empieza a explicar con gran entusiasmo la historia de la estancia soberbia que nos acoge. Casi una iglesia, dice. Una sala de artesonados magníficos, repleta de lienzos e imágenes religiosas cargadas de historia, añade.

Tras unos minutos en los que comenta anécdotas del lugar, me atrevo a incluir en la charla la mención al retrato que me ha impresionado en la sala de abajo y ahí empieza todo, porque enseguida me habla de ella.

–Es Suzanne Valadon.

¡Suzanne Valadon! El nombre tiene fuerza.

–Fue una pintora y una mujer excepcional. Estuvo relacionada con Utrillo, el autor del retrato… Ella fue un poco…

Busca una palabra o una expresión apropiada durante algunos segundos y acaba diciendo algo así como que tuvo una vida sentimentalmente azarosa. Creo que pillo el eufemismo que insinúa relaciones tormentosas. Comenta algo de que detrás del dibujo hay un escrito, unas palabras sobre una guerra con Utrillo…

–¿Ese Utrillo es uno de los modernistas?

Como tampoco sé quién es, he lanzado una pregunta que va en la línea del lugar en el que estamos.

–Sí, Miquel Utrillo, el crítico literario de *Pèl & Ploma*... El hombre que adoptó legalmente al hijo de ella y le dio su apellido.

Miquel Utrillo: una M dentro de una U. Una pintora... Mujer excepcional... El hombre que adoptó legalmente al hijo de ella... ¡Esto se pone interesante! Estoy ya inmersa en Suzanne y no tengo ni idea de quién fue su hijo. Luego entenderé, cuando empiece a buscar información sobre todos ellos, por qué el vigilante, ante mi mirada de indiferencia inconsciente, alza un poco la voz:

–¡Su hijo! ¡El pintor Maurice Utrillo!

Intento mostrar sorpresa de reconocimiento abriendo mucho los ojos porque la boca, con la mascarilla contra la COVID, no puede verla, pero lo cierto es que no había oído en mi vida ese nombre. Sigue diciendo que fueron personajes de grandes pasiones. Me habla también de misterios biográficos, de ruptura de normas, de originalidad auténtica.

Al llegar a casa, perdido ya el sol naranja del amanecer de Sitges tras la silueta de las montañas donde se aloja el castillo de Burriac, la luz de Vilassar de Mar no es la misma. Sin embargo, la curiosidad por saber más sobre Suzanne Valadon, esa mujer a la que un hombre le trazó el enigmático perfil callado más de un siglo atrás, se ha convertido en la chispa deseada.

Capítulo 2

Frío y azul

Se le erizan los pezones y tiene la piel de gallina cuando Pierre Puvis de Chavannes la observa, callado, escrutador e incisivo, en su estudio parisino de la rue de Mont-Cenis. Hay nubes de humo de cigarrillo en la sala y hay silencio. Ella intuye también la presencia del deseo en los ojos voraces de casi sesenta años que observan su cuerpo terso de quince. Sin embargo, es el frío de la sala el que la estremece, no el pudor. No es la primera vez que muestra su desnudez. Se dice que no importa, que es sólo un cuerpo que va a ser pintado y se concentra en el modo en como el otro observa a la modelo que es ella para empezar a aprender. Pero ¿aprender qué? Aprender a mirar, a mirar al que la mira, y también aprender a cómo mira ese tipo con un pincel en la mano y con un lienzo delante.

Luego, cuando la sesión acabe, vendrá el sexo, pero eso tampoco importa. Al fin y al cabo, ya se siente recorrida por este hombre. Que en vez de ojos sean manos las que la toquen, que la penetre, le resulta indiferente.

Tras Puvis de Chavannes, posará para otros artistas todavía desconocidos para el gran público. Serán hombres con nombres que, años después, constarán en todos los tratados de historia del arte ocupando las secciones dedicadas al impresionismo, al posimpresionismo, al expresionismo, al fauvismo, al arte nabi... Sin embargo, cuando la pintan, excepto el célebre Chavannes, todavía son sólo pintores rechazados por los círculos elitistas del imperio académico, ese que tiene la llave de las exposiciones y del reconocimiento oficial.

Muchos de esos genios del pincel todavía no valorados buscan la impresión. La observan para dibujarla en mil posturas mientras ella también los mira y va convirtiendo en academia esas sesiones de posado y sexo que huelen a pintura y a sudor. Es la observada observadora en pleno proceso de aprendizaje. En estos momentos iniciales suyos, el arte late y el talento espera, al acecho, entre posado y posado, entre hombre y hombre. Activo sujeto callado, disfrazada de objeto pasivo, se va convirtiendo en pintora mucho antes de empezar a pintar.

Pero, cuando todavía no firmaba sus obras y todavía no estaba posando para un viejo pintor de prestigio en esta tarde fría y azul de humo de cigarrillo y de silencio rancio, ¿quién era y de dónde venía?

Capítulo 3
Marie Clémentine Valade

Son las seis de la mañana del 23 de septiembre de 1865, sábado de otoño, cuando nace Marie Clémentine Valade en el pequeño pueblo francés de Bessines sur Gartempe, situado en el departamento de Haute-Vienne. Su madre, Madeleine Valade, no sabe –o no quiere decir– quién la ha dejado embarazada. El asunto es escandaloso en el lugar, porque la madre de Marie es una viuda de treinta y cuatro años, cuyo marido –un tal Courlaud– había muerto en la prisión de Limoges. Madeleine había dejado tiempo atrás los hijos, ya mayores, tenidos en su matrimonio y se había colocado como ama de llaves en una adinerada familia que la trataba con respeto.

Madeleine era una mujer tan seria, austera y misántropa que la noticia de que estaba embarazada resultó una gran sorpresa para todos los que la conocían. ¿Cómo podía haberse quedado preñada si no salía nunca y no se le conocían amigos? Ella, cuando muchos años después se aventuró a dar algún dato sobre el hombre que la había dejado encinta, lo único que dijo es que se trataba de un molinero. Como fuera, en el acta de bautismo de la pequeña, constan dos nombres como padrinos: Matthieu Masbeix, un vecino, y Marie Céline Courlaud, una de sus hermanas mayores.

Al poco de nacer Marie, Madeleine se va de la casa en la que servía desde hacía ya tiempo, como se había ido antes del otro pueblo. Pero ¿por qué salió corriendo de la casa que la había acogido los últimos años llevando consigo a la pequeña de semanas? ¿Acaso había tenido algo que ver una hipotética relación con alguno de los hombres de la casa? ¿Quizás alguien le pagó para que desapareciera de la zona rural en la que resultaba muy complicado guardar una confidencia?

El secreto más absoluto –y es sólo el primero de los que nos vamos a encontrar en la vida de Marie– acompañó a la madre a la tumba. Nunca se sabrá quién es realmente el padre de la futura pintora. Lo cierto es que Madeleine abandona la casa donde trabajaba tan pronto como se recupera del parto y se lleva a su hija recién nacida con ella, huyendo del pequeño pueblo al que no volverá.

En 1870 tenemos a madre e hija en París, donde Madeleine descubre con ingrata sorpresa que los precios de la vivienda son inalcanzables para ella en el centro. Pregunta dónde puede conseguir alquilar algún lugar por poco dinero. La respuesta tiene diez letras: Montmartre, la cumbre de una colina de 130 metros de altura situada a la orilla derecha del Sena.

En esa época, Montmartre era una de las comunas que Napoleón III había anexado a la ciudad pocos años antes. Se había convertido en uno más –el número 18– de los distritos de París que están dispuestos en espiral. Ese lugar del extrarradio, de incómodo paseo, cuestas empinadas y calles llenas de barro, ofrecía viviendas mucho más baratas que el centro, así que Madeleine no duda en asentarse en el que, hasta hacía poco, era un pequeño pueblito que colindaba con la urbe.

Montmartre era, efectivamente, un lugar marginal, demasiado incómodo para los acomodados burgueses, que sólo acudían a sus cuestas miserables buscando diversión y placer a bajo precio, lejos de posibles cotilleos y escándalos en los encorsetados salones de la sociedad en la que vivían.

Así, situado en lo alto de la montaña, Montmartre se convirtió en un refugio para los que apenas podían pagar el alquiler y malvivían en una especie de comuna solidaria en la que quien tenía pan lo repartía y quien tenía bebida la compartía con los demás desharrapados.

Sin embargo, poco a poco iba a cambiar el perfil de la zona porque empiezan a acudir en masa jóvenes artistas con el reto de triunfar en la capital. Debido al poco dinero de que disponían esos pintores, escultores y escritores todavía desconocidos, llegan también a ese lugar. Allí se van arracimando juntos en callejas que se irán convirtiendo en un auténtico nido para la idealizada vida bohemia.

En Montmartre se dio el encuentro entre prostitutas y ricos clientes, artistas con hambre de fama y también de pan, y familias pobres que no tenían más remedio que acudir allí para alquilar pequeñas y sórdidas viviendas para su numerosa prole. Esa vorágine de gentes, que vivía más en la calle que dentro obligada por lo diminuto de las estancias, resultaba atractiva porque hacían que el lugar fuera de lo más dinámico y vital. Pero Montmartre, además, añadiría, en breve, otros atractivos para los buscadores de vida alternativa y libre, lejos de los prejuicios: la defensa de la libertad y un incipiente feminismo que recorrerá sus calles con fuerza.

Faltaba muy poco para que su auténtico espíritu arrancara con el estallido de la Comuna, como se llamó a esos días de revuelta dominados por un clima revolucionario y feminista que iba a pervivir allí que entre marzo y mayo de 1871. Ese intento fallido de gobierno proletario de extrema izquierda duró apenas setenta días, pero fueron setenta días de pasión revolucionaria. Entre otras demandas, los trabajadores exigían la autogestión de fábricas y empresas que habían sido abandonadas por sus propietarios, defendían los derechos laborales de la mujer y la creación de guarderías para los hijos de las trabajadoras, solicitaban medidas que condonaran deudas de alquileres atrasados, demandaban la supresión de intereses de impagos antiguos... Y es que el pueblo estaba famélico tras los duros meses de guerra franco-prusiana, iniciada en julio del 70. Después del asedio sufrido por la ciudad, se había peleado con rabia en unos días trágicos que recordaban la revolución de un siglo atrás, aquella que había guillotinado con cruel decisión a los miembros de la corona.

Algo importante de esos días revolucionarios de los primeros años setenta es que las mujeres se abanderan y toman conciencia del valor de su voz. Aunque hubo muchas, la mayoría anónimas, mencionaremos ahora sólo a una como ejemplo: la destacada poetisa y profesora Louise Michel, que debió de ser una inspiración para todas las que peleaban por encontrar un lugar. Louise se había vestido el uniforme militar y había empuñado un arma. Luego, había seguido luchando desde la prisión y había continuado defendiendo su causa incluso una vez recobrada la libertad. Se acabó convirtiendo en un modelo de reivindicación femenina, un eficaz revulsivo para las que vendrán, quienes imitarán su lucha por lograr la igualdad y el reconocimiento, como Marie.

Sin embargo, en ese tiempo, todavía la pequeña es ajena a todas esas reivindicaciones que le están preparando el escenario en el que aún no sale a actuar. Debió de vivir con el filtro de la inocencia que regala la niñez, apenas consciente del conflictivo momento social, económico y político que protagonizan los mayores. De hecho, la juventud de Marie transcurrirá en un París de calma, tensa pero estable, ya que, tras el breve período revolucionario, se restablece pronto el gobierno en forma de III República. Es cierto que la serenidad se va a truncar en algunas ocasiones –como fueron los años del caso Dreyfus, de la Gran Guerra, del crac del 29 de Nueva York que salpicó las calles francesas...–, pero falta todavía tiempo para eso.

De momento, la estabilidad del nuevo gobierno favorece la creación de un circuito artístico que tiene su base en las academias, tanto las oficiales como las otras. Era un momento efervescente. El arte se cuestionaba su propia identidad y competían tendencias conservadoras con otras rupturistas, que cada vez tenían más fuerza.

Dos años antes de nacer Marie, en 1863, Manet había firmado su provocadora versión de la odalisca con *Olympia*; Monet estaba ocupado en sus almuerzos sobre la hierba; Degas en el dibujo de retratos femeninos con flores, y Berthe Morisot se concentraba en los retratos de mujeres y bebés. Ese mismo año, Napoleón III decide crear el «salón de los rechazados». El objetivo es que un grupo de artistas considerados poco convencionales y de calidad cuestionable por parte de los académicos más conservadores puedan exponer sus obras. Ahí se lanza el círculo de los que iban a ser denominados –con intención peyorativa– «impresionistas», un círculo de artistas que estaba en plena actividad intentando reflejar la impresión y no la realidad. En ese grupo, además de los ya mencionados, se encontraban otros como Renoir, Pissarro, Sisley, Bazille, Guillaumin, Caillebotte, Eva Gonzalès y Cézanne. Serían los maestros de los que vendrán unas décadas después, los llamados posimpresionistas, entre los que la pequeña Marie tendrá un lugar en un futuro no muy lejano.

El salón había sido una genial idea de Napoleón III, quien había escuchado y atendido a todos aquellos pintores no academicistas en su reivindicación de un espacio. El lugar albergaba las obras repudiadas que cada vez resultaban menos repulsivas, para convertirse en revulsivas y deseables para el gran público y también para los inversores visionarios. Allí iban a exponer artistas de la talla de Manet, Courbet y Cézanne. Lo cierto es que esa calificación –«los rechazados»– entrañaba un interés añadido provocado por el morbo. ¿Por qué rechazarlos? ¿Cuál era su pecado? ¿Cómo provocaban para tener prohibido el estar en los salones del circuito habitual? Imaginarlo era extremadamente sugerente y atractivo. Ese salón en el margen, territorio de frontera, se convierte en un hervidero de curiosos y, lo más importante, en una llamada para los galeristas que buscan nuevos cuadros que sorprendan a clientes cansados de escenas de salón, en los que se esfuerzan en bailar damas asfixiadas por el corsé demasiado apretado. El mercado del arte empieza a comprender que lo que rompe normas adquiere un nuevo valor. Lo feo, lo rechazado, lo imperfecto se convierte en codiciado objeto de deseo por parte de coleccionistas inquietos y atrevidos.

En esa línea, en el salón de los rechazados muestran sus obras los artistas emergentes que tienen como meta romper con la tradición para incidir en el espectador del cuadro. Son provocadores que buscan el lado malo, el detestable, porque el bueno ya aburre. Los llamarán «impresionistas», aunque ellos prefieren autodenominarse «independientes», porque se quieren libres de cadenas forjadas a golpe de premios, de selecciones de jurados rancios y de intereses anquilosados.

Y es que, llegados a finales del siglo XIX, lo cierto es que prácticamente se había hecho todo. Ya el arte figurativo había trabajado proporciones, medidas y luces en el Renacimiento que había revisado el arte clásico. Ya había vivido y muerto el monstruo que fue Velázquez en una prefiguración del expresionismo en lienzos tales como *El papa Inocencio X*. Ya el oscuro expresionista llamado Goya había pintado la náusea de negro y había mostrado al padre devorando al hijo, el Tiempo comiéndose a Marie... ¿Qué hacer para no repetir lo repetido? ¿Qué pintar para abrirse un camino? Había que empezar a mirar diferente.

Vincent Van Gogh reconocía el mérito de precursores como Millet y Lhermitte porque no pintaban las cosas como son, sino como ellos las sentían. Van Gogh le confiesa a su hermano Theo en una de sus profundas cartas de 1883, año en que Suzanne había sido madre, que su «gran anhelo es conseguir pintar tales inexactitudes, tales anomalías, tales modificaciones, tales cambios de la realidad para que salgan, ¿por qué no?, mentiras, si se quiere, pero más verdaderas que la verdad literal». Empieza a cobrar sentido el mirar con el alma, el reflejar el alma del otro, el traducir la emoción utilizando el lenguaje de los colores, impresionar, expresar, llegar hasta el fondo del que mira ofreciéndole una perspectiva diferente.

La estética de lo feo, que había empezado a ser un motivo de observación e incluso de dedicación durante la eclosión romántica de fines del XVIII e inicios del XIX, toma protagonismo. La idea imperante para esos pensadores es que el arte debe impactar. Tradicionalmente, se considera que el impacto de lo artístico –sea literario, escultórico, arquitectónico o pictórico– debe venir derivado de la belleza. Sin embargo, en estos tiempos de fin de siglo, los artistas descubren que lo sublime se puede esconder también en lo que aparentemente es despreciable. Una obra de arte puede golpear al espectador porque le muestra un lado que quizá no quiere ver, de ahí la protesta del público burgués, que sólo quería comprar lienzos amables para decorar sus enormes salones. Los impresionistas se enfrentan al juicio de los que afirman que dibujan mal y pintan peor, pero es que los neoimpresionistas o posimpresionistas quieren dibujar mal y pintar peor porque detestan la norma y el equilibrio.

¿Cómo podía ser que ofrecieran como definitivos unos lienzos que para ellos no llegaban ni siquiera a ser presentables bocetos? ¿Cómo se atrevían, por ejemplo, a mostrar a tres obreros puliendo el suelo de madera de un salón cuando los cuadros debían destinarse precisamente a adornar esos salones de suelo perfectamente pulido cuyos dueños lo último que querían era recordar que alguien había estado sudando sobre su tarima?

En este sentido, el mismo año de 1863 en que el académico Cabanel pinta su *Venus clásica*, Manet firma *Olympia*, una odalisca que dará pie a una explosión de interpretación del desnudo femenino desde la perspectiva de la modernidad. Esas dos Venus diametralmente opuestas en un tiempo común son el símbolo de un camino que se bifurca. Veremos más adelante la importancia de *Olympia* en los artistas de fin de siglo y cómo va a abrir una senda que será fértil campo para cultivar la innovación y la experimentación, pero estaba claro que algo nuevo se estaba gestando ante el pasmo de los academicistas, que consideraban al nuevo arte emergente como una broma de mal gusto.

En todo caso, el perfil del grupo impresionista fijó el temperamento y la actitud del nuevo artista ante el cuadro y ante la historia. Uno de los rasgos que los va a distinguir es que las obras se mantienen al margen de los acontecimientos políticos de su momento, por lo menos de la política activa o de la reivindicación en sus obras. Es cierto que hubo alguno de estos artistas que se vinculó a los más conflictivos momentos como, por ejemplo, Bazille, quien murió en combate en 1870, y que otros, aun viviéndolo más de refilón, como Renoir, llegaron a alistarse en el ejército. Sin embargo, para este último, la guerra no dejó de ser una anécdota en su biografía. Para los demás artistas, ni siquiera supuso eso. Se van de la ciudad y miran desde la distancia la situación, mientras esperan que los ánimos se calmen. Acaso, «Manet es el único pintor del grupo en cuyo arte se encuentran huellas de las vivencias experimentadas durante esos procesos históricos. En dibujos y grabados que no se atrevió a publicar, Manet plasmó dos escenas de la derrota de la Comuna con motivos que ya había utilizado en *El fusilamiento del emperador Maximiliano* y *El torero muerto*». Es una afirmación que encontramos en el documentado volumen titulado *Impresionismo* (1860-1920), donde se explica con detalle que el resto de artistas del momento se exilia.

En efecto, muchos de ellos aprovechan para viajar a otros lugares, familiarizarse con otros paisajes, con la clara intención de poner tierra de por medio entre la violencia y sus vidas. En este sentido, el grupo impresionista no se caracteriza por una movilización política, ni por la defensa de manifiesto ideológico alguno. Lo suyo consiste en una revolución plena y exclusivamente artística. Eso les basta.

Es importante comprender ese momento de ruptura artística y también la actitud de estos artistas ante el mundo porque Marie, autodidacta y observadora, seguirá muy de cerca la estela de los que la han precedido y veremos cómo la Historia –la que se escribe en letras mayúsculas– la roza apenas en algún momento muy concreto de su vida. Marie estará siempre, igual que su madre, muy ocupada en sobrevivir y en salir de la miserable clase social en la que se ha encontrado al nacer.

Va creciendo en y con Montmartre, recorriéndolo, observándolo, empapándose del olor a rebeldía del barrio que se estaba haciendo y que propone una esencial libertad, libertad que Marie asumirá como propuesta personal, nunca colectiva. Ella es testigo de la construcción de la catedral del Sacré-Coeur. Puesta la primera piedra del templo en 1875 –cuando Marie tiene diez años– y finalizada en el 14 –ya con cuarenta y nueve–, es uno de los pocos lugares exteriores que merecerá ser objeto de sus lienzos. La tela, titulada *Le Sacré-Coeur vu du jardín de la rue Cortot* (1916), es su homenaje a ese edificio emblemático que la fue acompañando a lo largo de su vida, símbolo de misticismo y también de resistencia en plena guerra mundial, uno de esos momentos que, como veremos, sí la va a golpear.

Marie presencia también la apertura de *Le chat noir*, novedosa idea de cabaret o lugar en el que, además de ofrecer bebida, se puede cantar, tocar, dibujar y recitar. Vive la aparición y el esplendor del

Moulin Rouge y del Moulin de la Galette, y, desde lo alto del barrio, Suzanne ve también la Torre Eiffel en construcción.

Es testigo de la llegada de innumerables artistas a las estrechas calles, unas calles que se van llenando de estudios y de tabernas, nuevos escenarios que van a ser inmortalizados por los pinceles más reconocidos muy poco después. Montmartre, en fin, es el lugar por excelencia para la explosión de la creatividad, donde pintores, músicos, escultores, ceramistas y artesanos conviven en maravilloso desequilibrio.

La estabilidad que otorga la burguesa III República es el ingrediente ideal para que París, más allá del taller en que se ha convertido Londres, sea el escaparate perfecto para el arte y su comercio. Montmartre, en este sentido, es una inmensa galería que muestra un catálogo de nuevos artistas dispuestos a revolucionar el panorama internacional. En ese momento y en ese lugar, Marie, pícara y callejera, es la habitante de la colina. Domina el paisaje y el espíritu del lugar y, poco a poco, se los va tatuando en la piel.

Capítulo 4
Salto sin red

En su niñez, la pequeña Marie acude a la escuela Saint Vincent de Paul, situada en un convento de la rue Caulaincourt. La madre había llegado a París con la ilusión de conocer a alguien que la sacara de su miserable situación, pero su ensimismamiento y su carácter arisco hacen que siga aislada en su mundo. Le resulta muy difícil congeniar con nadie, y mucho menos seducir a un hombre, de modo que vive sola con su hija. En esos años, Madeleine trabaja y se da a la bebida, realizando ambas actividades con idéntico empeño.

Entretanto, la niña acude al colegio de monjas donde le van a transcurrir algunos años. Allí, le gusta dibujar. Se entretiene garabateando siempre que puede, pero se aburre cada vez más de la disciplina rígida de las religiosas. Una vez que las revueltas de París obligan a cerrar las puertas del colegio en varias ocasiones, Marie se acostumbra a callejear, y, cuando el centro vuelve a funcionar, le disgusta enormemente regresar al aula, porque le puede más el ansia de libertad que el interés por el estudio. Se ha habituado a vivir en las calles, libre e indisciplinada, unas calles de las que ha hecho su casa.

Las monjas advierten a Madeleine de que la niña es demasiado rebelde como para que ellas puedan supervisarla y evitar sus fugas cada vez más frecuentes. La madre, ante la disyuntiva de discutir con su hija o ceder ante su voluntad, que coincide bastante con la suya –mujer de pocas letras y nada intelectual–, decide que el colegio se ha acabado para la niña.

Marie tiene doce años y empieza a trabajar. Comienza entonces, a su vez, a forjarse su personalidad dura y arisca, con un carácter muy marcado. Asimila que nadie le va a regalar nada y va creciendo con la idea de que ha de hacerse a sí misma, porque ningún otro va a defender su plaza. Eso le otorga un espíritu esforzado, pero también le va inclinando el carácter hacia una cierta misantropía. No perderá el tiempo con quien no le interese y, desde luego, no le importa en absoluto lo que otros piensen de ella.

En esa época de sus orígenes, se dedicó a diversas ocupaciones: preparó flores en una funeraria para embellecer los cuerpos que reposaban en el ataúd; ayudó a su madre planchando, cosiendo, zurciendo, agrandando o achicando prendas de ropa; vendió frutas y verduras en el mercado de Les Halles, y, cuando su altura le permitió llegar con cierta soltura a las botellas, sirvió bebidas en distintas tabernas.

De todos estos trabajos, lo de preparar flores en la funeraria quizás es lo que más le gusta porque eso supone jugar con los colores y combinar las texturas. El talento artístico empieza a manifestarse. Confecciona los ramos teniendo en cuenta los puntos de blanco que le permiten los claveles, el amarillo de la genista y la elegancia serena de las rosas rojas, que son siempre bienvenidas para elevar el momento negro de la muerte con el color de la vida de los que despiden al que se va.

Disfruta también sirviendo en las barras de los bares que le dan unas monedas a cambio de unas horas de trabajo. Allí empieza a descubrir licores que calientan manos y pies en el crudo invierno de París, ruborizan mejillas y llenan de chispas los ojos. Aprende bien en ese tiempo lo que cuesta ganar lo suficiente como para sobrevivir y presencia en primerísima persona cómo los burgueses gastan en una sola velada lo que algunas familias invierten en comer durante un mes. Esa desigualdad la golpea y la conciencia de clase social la hace reaccionar, pero no para una lucha que transforme las bases de la estructura ciudadana, sino para intentar llegar a ser una de esas burguesas que puede gastar dinero despreocupadamente. Vista desde esta perspectiva, no parece ser un modelo ejemplar de actuación que sirva como arquetipo de comportamiento. Sin embargo, sí es un referente de lo mucho que logró prosperar en un tiempo en que las clases sociales estaban rígidamente organizadas.

De momento, día a día, a golpe de trabajo, se va convirtiendo en una bella joven. Su cabello castaño, largo y ondulado, peinado en un moño que siempre la caracterizará, brilla al sol con el marrón rabioso de las castañas del otoño. Sus ojos azules tienen la profundidad del mar que nunca ha visto. Su silueta se define esbelta y agraciada. Cada vez destaca más en la noche de las tabernas y parece que ese cuerpo afortunado es una carta a su favor en medio de la miseria en la que ha nacido. Se da cuenta muy pronto de que tiene una herramienta en sus manos y pronto va a aprender a utilizarla.

Una de esas veladas, está sirviendo licores en el Cabaret de los Asesinos, conocido más tarde como Lapin Agile. Ríe con los clientes, que la siguen con la mirada en su danza entre las mesas llevando bandejas con alcohol y recogiendo vasos. Se muestra alegre y desvergonzada, divertida. Es el alma del local. Al poco, entran dos jóvenes. Se trata del conde Antoine de la Rochefoucauld y Théo Wagner, dos pintores simbolistas que están decorando el circo Medrano. Enseguida la descubren, la observan y le ruegan que vaya a su mesa un rato.

Beben, ríen y charlan despreocupados. Seducidos por la joven, bella y descarada camarera que pasea bailando entre las mesas, le lanzan una propuesta.

–¿Quieres trabajar en el circo?

–¿En el circo?

Apenas se lo piensa un momento.

–¿Por qué no?

¿Por qué no? Le agrada lucir su cuerpo, sus curvas se están convirtiendo en bellas dunas que recorre con las manos antes de dormirse, en la noche. Adora que la miren. Trabajar en el circo será mejor que vender patatas, mejor que pincharse con la aguja cosiendo, mucho mejor –a pesar de la belleza cromática– que oler las flores de los muertos. Además, en el fin de siglo parisino, el circo es una experiencia mágica que juega con la fantasía. Supone la posibilidad de estar en otro lugar, de tocar el cielo desde el trapecio. Ella, que adora que la miren, va a ser el objeto de todas las miradas: de las curiosas, de las infantiles y también de las de un grupo de esos pintores emergentes, los impresionistas rechazados por los círculos oficiales, que acuden al espectáculo a ver lo extraordinariamente estético que es el movimiento.

Sí. Está decidido. Marie se va a convertir en un trazo fugado recorriendo el cielo sobre los espectadores. Si los artistas modernos buscan lo inestable, Marie será la maga de la inestabilidad, vital y emocional. Y es que, para esos artistas que se enfrentan a la norma del arte clásico y el orden establecido, lo que se mueve es una invitación a reflexionar sobre el dinamismo en una prefiguración genial y pionera del cine que está a punto de irrumpir. Los impresionistas quieren plasmar en sus cuadros la fotografía que sale movida, la imagen que intuye el cinematógrafo inminente, en una clara huida del estatismo final que vendrá, al que obligará la muerte callada dentro del ataúd. Pintan como respuesta a la angustia y usan como antídoto esa pintura salvaje del instinto y del momento, en una lucha desesperada y sublime por captar esta luz, este instante colorido, esta impresión del *carpe diem* efímero. La pulsión del color rabioso en el lienzo, diciendo lo que se quiere decir –impresión y no certeza–, también atrae cada vez más a Marie y empieza a engancharse a esa estética.

Acepta la propuesta. El mundo mágico circense le ofrece, además de dinero, una mirada nueva y le permite establecer contactos con el mundo del espectáculo. Es probable que Marie actuara en alguno de los muchos lugares que proliferaron por el barrio ofreciendo *varietés* y no en el prestigioso circo Molier, aunque ella misma así lo afirme cuando es ya una mujer madura y una reconocida pintora. Puede tratarse de una de las leyendas que la propia artista alimentará cuando rememore sus años de juventud en su intento por crearse un personaje de sólida extravagancia, como veremos.

El tema es que era muy complicado que una persona sin formación circense fuera incluida en la plantilla de los locales más selectos, así que debió de participar en alguno de los muchos lugares modestos que imitaban a los grandes y reconocidos escenarios. Sea como fuere, cuando llega la propuesta de participar en uno de esos espectáculos, no lo duda. Allí va. Al principio, está nerviosa, pero sabe disimularlo con palabras de atrevida chica de calle. Empieza siendo ayudante de los acróbatas más veteranos, después aprende a montar a caballo para ser amazona y, finalmente, se convierte en trapecista.

Eso es más arriesgado, pero se dice que puede con todo. Además, están los vestidos. Lo que más le gusta de esas ropas de la farándula es el brillo de los vivos colores en el aire.

Años después, dedicará algunos lienzos a esas escenas de arte dinámico: rojo, azul y arena, tacones y medias para caracterizar un frágil equilibrio de la figura en pleno movimiento. Cuando Marie voltea su cuerpo menudo –mide un metro y cincuenta y cuatro centímetros y ya no crecerá más, como evoca Jeanine Warnod en su semblanza de la artista–, ve cómo el color del bodi elástico en el que está embutida es una maravillosa mancha brillante que se va moviendo con ella en el balanceo del trapecio. De derecha a izquierda y de izquierda a derecha. Primero cierra los ojos para evitar marearse, para no tener vértigo. Poco después, decide que quiere mirar y disfrutar de los destellos. Mira y sonríe, pletórica, porque lo ha logrado: ¡Ha conseguido ser la mancha!

Así, los días se suceden felices, fértiles de alegría para la joven. Las gentes se sobrecogen ante su belleza y arrojo. Se siente halagada y su vanidad crece. Numerosos admiradores esperan a que acabe el espectáculo de acrobacias circenses para felicitarla en el bar del establecimiento. La invitan, la miran con deseo. Bebe, se embriaga y vuelve a beber. Ha encontrado un camino hacia la fama y el reconocimiento. Queda, de nuevo, en letargo la pintura. Se convierte en una trapecista ágil, atrevida, a la que le gusta arriesgarse. Cada vez un poco más al borde del precipicio, cada día un ejercicio más difícil, más peligroso..., hasta que una mañana de 1881 la vida la golpea.

Está ensayando para uno de los saltos mortales. El polvo de tiza tiene que garantizar que no se va a resbalar, pero se resbala. Ha sudado más de lo acostrumbada. Nota cómo se le hacen grumos entre las líneas de las palmas de las manos y cómo se va resbalando sin que pueda evitarlo, cómo se va escurriendo de la barra de madera de la que está colgada y cómo, al final, se acaba precipitando al vacío.

En los segundos que dura la caída intuye que va a morir. Ve su propio descenso a cámara lenta, con el rojo de sus ropas como una premonición del charco de sangre que se va a formar en el suelo. No cierra los ojos. Quiere ver. Quiere mirar a la muerte a la cara. Y, sin embargo, tiene tiempo de pensar que es una lástima, que es demasiado joven, demasiado bella, demasiado ambiciosa para acabar, aquí y ahora, de esta manera terrible.

En unos segundos, lentos y rápidos, fríos y calientes, esos contradictorios segundos del terror que preceden a la muerte inminente, llega el golpe. Ya en el suelo, se da cuenta de que no ha muerto. Esa caída casi mortal supone, paradójicamente, el nacimiento a su vida auténtica. Una vez recuperada del accidente, descartado el trapecio por una lesión de cadera que la acompañará en adelante, los impresionistas que la habían admirado en sus saltos sin red le ruegan que sea su modelo. Quieren seguir mirándola, dibujándola, saboreando todas y cada una de las curvas heridas de esta descarada mujer que ríe con un maravilloso velo de tristeza.

—¿Serás nuestra modelo, Marie?

¿Ser modelo? Apenas lo piensa un momento antes de contestar.

—¿Por qué no?

El «¿por qué no?» es una constante en su vida. No tiene nada que perder. Ha nacido en un hogar humilde, más aún, miserable, sin dinero ni linaje. Sólo puede mejorar de estado cambiando las cosas, así que se va adaptando a lo que viene. Estar dentro del taller de los pintores, además, le permitirá observarlos y aprender a dibujar con técnica, proyecto que cada vez la atrae con más fuerza.

Si a la mujer le está vedado entrar en un estudio donde se pinta al desnudo, sólo hay un modo de estar ahí: ser el desnudo. De ese modo, podrá mirar con mucha más atención y observar cómo nace un cuadro, más allá de los trazos descuidados de los artistas borrachos en la taberna que son producto de la embriaguez. Vista en perspectiva, su entrada en el espacio de tantos pintores fue un regalo. En ese ambiente hostil para el triunfo femenino, Marie aprovecha la situación y consigue penetrar en el mundo del arte bohemio, cuando «bohemio» significa malo. Ella, la joven que no obedece normas, acepta ser modelo porque tiene –ahora ya sí– un plan: quiere ser pintora y lo va a intentar desde dentro.

Y es que el arte la envuelve. Montmartre entero se ha convertido en esta juventud suya en una auténtica galería. Mire donde mire hay cuadros, pintores que improvisan acuarelas por la calle, conversaciones en las tabernas sobre la ruptura de la tradición en el lienzo, manifestaciones del nuevo concepto del artista, defensa del que se atreve a romper y a escandalizar.

Es cierto que las mujeres lo tienen más complicado que los hombres en todos ámbitos, pero muchas se esfuerzan y toman el pincel con decisión. Marie las ve. Así, muchas pintoras se pasean por las calles de su querido Montmartre, visitan sus estudios y luchan por hacerse un nombre. Además de Berthe Morisot –una de las más conocidas de la época de la juventud de Marie–, París acoge a otras artistas francesas como Marie Bracquemond o Eva Gonzalès; así como a algunas extranjeras –Mary Cassat y Abigail May Alcott– que llegan con la ilusión de que la ciudad de la luz las ilumine prestándoles alguno de sus rayos. Es cierto que, excepto Bracquemond, juegan con la ventaja del dinero, ya que son jóvenes cultas y librepensadoras, cuyas familias pueden costearles viajes y formación.

Abigail May Alcott, por ejemplo, está en la línea de la filosofía trascendentalista, reivindicativa de lo femenino, que su familia le ha inculcado y que su hermana Louisa ha novelado en *Mujercitas.* Es una línea de pensamiento atrevida y revolucionaria que supondrá en lo literario una estela a seguir décadas después en la obra de la canadiense Lucy Maud Montgomery y su *Ana de las Tejas Verdes*. Esa literatura considerada como de segundo nivel por sus ambientes y protagonistas femeninos, calificada con cierto desdén como novela juvenil, en realidad planteaba el serio problema de la situación de la mujer en el contexto mundial del momento. Se reclamaba un lugar y un reconocimiento a las tareas femeninas que tenían una equivalencia a las desempeñadas por los hombres.

En el ámbito pictórico, también ellas buscan su lugar. Los nombres de los hombres célebres que se pasearon por las calles de París son de sobras conocidos, pero no lo son tanto los de las muchas mujeres artistas que paseaban junto a ellos –en muchas ocasiones a pesar de ellos–, como Marie Laurencin, Maria Blanchard, Jacqueline Marval, Marevna Vorobieff, Alice Bailly, Sonia Delaunay, Gabriele Münter, Natalia Goncharova, Lyubov Popova, Meta Vaux Warrick Fuller, Aleksandra Aleksándrovna Exter y Gwen John, entre otras. Son todas ellas artistas que respiraron el aire del fin de siglo parisino y lo supieron transmitir en sus obras.

Marie las observa. Cuando va entrando en ese mundo del arte, se concreta ante ella la situación y es testigo de las desigualdades que sufren, esas que hacen, por ejemplo, que ellas no puedan asistir a clases de dibujo y pintura a las academias oficiales porque un comité masculino lo prohíbe. No tardará en constatar que la situación es todavía más perversa, pues esos mismos hombres que les niegan el acceso a ellas en la academia oficial por la mañana son los que se enriquecen impartiéndoles clases en discretas academias privadas por la tarde.

Esas clases de dibujo femeninas, además, tienen limitaciones: seleccionan ellos los temas que les permiten trabajar, les prohíben copiar de modelo al natural –además de que los hombres que podían pintar al natural en sus academias observaban a los modelos masculinos con ropa interior, mientras que las modelos femeninas posaban desnudas–, les vetan la pintura al aire libre, las obligan a exhibir –si es que lograban hacerlo– en salas separadas de las que muestran las obras masculinas... Nada era sencillo para las artistas –como explica Patricia Mayayo en *Historias de mujeres, historias del arte*– en el fin de siglo francés, y eso que en ese tiempo era un país mucho más liberal que la mayoría. Con todo, a pesar de eso y curiosamente, había muchas más mujeres pintoras que hombres pintores, pero las obligaban a tratar la pintura como si fuera una más de las ocupaciones bien vistas en el ámbito femenino, léase costura, lectura o preparado de elegantes meriendas de pastas y té. En pintura, como en literatura, debían limitarse a temas y tratamientos decorosos. Era su modo de relegarlas. Imposible innovar cuando te dan el papel pautado.

Éste es el ambiente en el que está germinando la pasión de Marie hacia el cuadro. Y para ella, además, las cosas son todavía más difíciles que para esas pintoras que pueden costearse las clases de horizontes limitados que se imparten por la tarde en las academias de barrio. A ella le falta todo. Le falta formación reglada, le faltan los contactos que podría darle una familia reconocida y le falta incluso dinero para comprar material. Sin embargo, hay algo de lo que no carece: empeño.

El gran valor en la joven Marie –y en la madura Marie e incluso en la vieja Marie– es que, como afirmará en su vejez ella misma, nunca se rinde. Nunca, nunca se rinde. Empieza a tomarse más en serio los dibujos. La idea de convertirse en pintora, a la vista de los referentes contemporáneos de mujer artista, va cobrando fuerza. Se siente capaz de realizar grandes cosas, el arte es uno de sus proyectos silenciados. Tiene, además, sobre todas las otras, una ventaja: al no tener absolutamente nada, tampoco tiene prejuicios, vergüenza ni una conservadora familia a la que decepcionar. Decide sacar partido de eso que parece ser una desventaja.

Ya ha visto cómo trabajan muchos de esos pintores en las tabernas. Sabe que beben mucho y que viven más. Ha hablado con ellos como se ha de hablar con los bohemios, cuando están borrachos. Lo pasa bien observando cómo garabatean en un papel mientras lanzan larguísimas peroratas sobre arte y nuevas teorías, fijándose en cómo entornan los ojos para distinguir los puntos de luz a través de los vasos llenos de absenta, convertida en líquido turbio de color verdoso en su mezcla de agua y azúcar. Son tipos divertidos, que se ríen de las normas, de los corsés sociales y de la vanidad de los ricos, aunque muchos de ellos lo sean.

Al llegar a casa, algo mareada todavía por efecto de la última copa, vuelve a bocetar. Ha empezado su gran viaje de heroína. Libre de equipaje y con el espíritu encendido, cruza el umbral y acepta la llamada a la aventura de la búsqueda de la forma y el color.

Capítulo 5
En el estudio

Seduce a todos con sus ojos azules y su cabello oscuro. Lo sabe. Tiene una ovalada cara angelical, que sólo sugiere algo del infierno que habita en su cabeza por la dureza de la mandíbula tensa. El refugio en el alcohol funciona. Se va acostumbrando al líquido reconfortante cuando llega la obsesión por el paso del tiempo y por el miedo a la muerte, temor que la acomete en las horas solitarias de las noches largas. Ataja esas cavilaciones con vino o absenta, compañía y sexo, para seguir anclada en la vida. Lo demás no importa.

Su cuerpo es bello, moldeado, joven. Cuando le ofrecen que sea modelo, le parece algo natural. Cuando le murmuran al oído que sea amante, también. Muchas jóvenes en Montmartre se ganan la vida de ambas formas y ella ama la vida por encima de todo, así que todo vale para seguir en la brecha.

Cuando Marie empieza a posar corre el año de 1880. Cézanne está firmando *Bodegón con frutas*; Monet, *Bodegón con peras y uvas*; Manet, *Manojo de espárragos* y Marie Bracquemond, *La dama de blanco*. Ésos serán sus primeros referentes. Por su parte, empiezan entonces las sesiones de posado concentrado y atento para el viejo y reconocido Pierre Puvis de Chavannes, a las que seguirán más y más horas de quietud ante Pierre Auguste Renoir, Jean Louis Forain, Adolphe Willette, Federico Zandomeneghi, Jean Jacques Henner, Giuseppe de Nittis y también Toulouse-Lautrec. Algunos de ellos tienen veinte, treinta, cuarenta años más que ella. Marie se convierte en la musa de sus cuadros y, en muchos casos, también en su amante.

Descubre con fascinación que la apasiona el universo de la pintura. «¡Es esto! ¡Es esto!», confiesa que pensó la primera vez que posó, cuando ya es una artista veterana y recuerda sus inicios. La seducen el olor de los óleos, el de la trementina, el silencio roto sólo por el rasgar de las pinceladas, la calma serena que es testigo de lo que va apareciendo en el lienzo blanco tras cada caricia del pincel que rodea formas, crea ángulos e inventa recovecos. Hay algo en esas escenas que la embriaga. El tiempo se detiene. Su impresión es entonces la de que tiene dos vidas: una es la que empieza al entrar en el local donde le transcurren las horas detenidas en quietud mientras posa y la otra empieza al salir a la vorágine de Montmartre. Se siente plena, feliz de poder ser más de una persona mientras sigue siendo ella misma. Empieza a intuir que lo de pintar eleva a esferas trascendentes. Entretanto, la otra vida, la cotidiana, tiene el sabor de lo auténtico y tangible. Entre lo trascendente y lo real, se va forjando su personalidad.

Tras esas sesiones, llega a casa agotada. Coge una botella de vino barato. Con el alcohol llena el vaso, el silencio y el vacío. Se pone un poco en un recipiente de vidrio grueso, nada glamuroso. Se desnuda, se viste un camisón que le va grande y se dedica a dibujar. Plasma lo que ha observado. A ella no le interesan en ese primer momento las naturalezas muertas, sino las personas. Siente fascinación por el cuerpo humano. Traza figuras, generalmente las de quienes la acaban de pintar a ella, recordando la posición del tipo de turno, puede que su rostro, pero también empieza a dibujarse a sí misma. Si todos la utilizan como modelo, ¿por qué no hacerlo ella?

Tiene un espejo rectangular que coloca en vertical contra la pared. Es un espejo roto en las esquinas, con el azogue perdido en algunos rodales del centro. Lo sitúa bien centrado. Prepara la lámina y los lápices, el carbón o la sanguina que ha cogido a escondidas antes de irse del último estudio en el que ha estado posando. Se sienta frente al espejo, abre las piernas y se queda mirando fijamente hacia el sexo que alguno de esos pintores acaba de lamer.

Se autorretrata desnuda como se autorretratará desnudo Egon Schiele a inicios del siglo XX, como lo hará cien años después Shane

Wolf. Es un desnudo que se convierte en todos ellos –empezando por Marie– en una explicación, una observación íntima, una provocación al atreverse a ir más allá de lo previsible. Muestra su cuerpo sincero, la carne expuesta, con las heridas a flor de piel y el rostro sorprendido ante el descubrimiento de que un alma se puede plasmar en un papel. Su cuerpo es su objetivo. Ahora posa para sí misma.

Así se dibuja Marie, con las piernas y el corazón abiertos. Se observa y se traza. Ése es el tiempo en el que empieza a mirarse a la cara. Tras horas de trabajo, hojea los bocetos, se autocritica, los repasa memorizándolos, y los rasga. Por ahí andará Madeleine al día siguiente –trasteando entre la ropa, trayendo algo de comida– y no quiere dar explicaciones. Ella no se parece a su madre, no quiere parecerse a su madre. Luchará por salir de la miseria para no tener las manos llenas de rojeces y callos ni los dedos llenos de pinchazos causados por las agujas de costura. No quiere llevar la amargura colgando de la comisura de los labios. No quiere desear en vano a un hombre que la desee. Sigue bebiendo un rato, se emborracha y, al final, se mete en la cama. Por la mañana, se despierta con dolor de cabeza y la convicción de que su vida es para siempre.

Capítulo 6
El hijo

Tiene la sangre joven y quiere llegar lejos. Así, se va dejando hacer en la pintura y en la cama hasta que, en un par de meses, la menstruación no aparece. Espera con inquietud la mancha roja de la vida deshecha, pero la regla sigue sin venir. Y van dos semanas más de retraso y van tres... Se mira en el espejo roto. El vientre no es tan plano, ya no se hunde al ponerse de perfil como solía. Pocos días más tarde, con los pechos inflados y la barriga prominente, resulta evidente que está embarazada. Tiene diecisiete años y poco dinero.

Al principio, le parece que dar a luz al hijo es la peor idea que se puede tener, pero le causa terror que le practiquen un aborto, así que prefiere continuar con la gestación, cosa que también entraña sus riesgos. Innumerables mujeres mueren de sobreparto. Algunas de las célebres y reivindicativas perdieron el pulso en el duro trance de dar vida. Desde Mary Wollstonecraft, escritora y madre de Mary Shelley, fallecida allá en 1797 a los diez días de haber parido a su hija, hasta las pintoras contemporáneas de Marie. Aquella Abigail May Alcott, la Amy de *Mujercitas*, que paseaba por las calles y los jardines de Montmartre, había fallecido por complicaciones del parto en 1879. Eva Gonzalès moriría también de una embolia cinco días después de tener a su bebé, el cinco de mayo de 1883, momento en que Marie ya está embarazada. Del mismo modo, fulminada al levantarse del lecho pocos días después de dar a luz, fallecería la pintora expresionista alemana Paula Modersohn-Becker, en 1907. El asunto es grave. Parir es un riesgo, pero Marie lo asume. El cuidado del bebé no le preocupa. Madeleine se ocupará del niño. La hija ha convencido a la madre después de escuchar con paciencia los «ya te lo advertí», los «mira que te lo dije» y otras recriminaciones de Madeleine, que le ha gritado, bien sabe lo que es cuidar de un hijo sola. Si la abuela se ocupa del recién nacido, ella podrá seguir ganando dinero con el posado e intentará cumplir su plan –todavía no compartido con nadie– de convertirse en pintora.

Transcurren los meses y la barriga cada vez es más gorda en su tarea de albergar al pequeño ser que se está formando dentro. Ahora, su cuerpo no interesa a los pintores adoradores de la eterna adolescente, unos pintores que no querrían dibujar a una futura madre desnuda con las piernas hinchadas. Todavía no se atreven a la vanguardia más cruda plasmando, en defensa de lo real, lo que viene siendo considerado por la tradición como feo y en absoluto merecedor de ser reflejado en una obra de arte. Faltan unas décadas para que Paula Modersohn-Becker se autorretrate embarazada y más de un siglo para que Gillian Melling exhiba su barriga enorme, de pie, completamente desnuda frente al lienzo que está pintando.

Sin encargos para posar, Marie pasa horas en casa. Se encuentra mal y no le apetece salir. Aburrida, empieza a mirarse y observa su metamorfosis. Es testigo de cómo su carne se va adaptando a la nueva vida que la va estirando y deformando en el proceso de creación de algo nuevo. Retoma entonces los útiles de dibujo y empieza a representarse a lápiz, de frente y de perfil, sentada y tumbada. Barriga enorme, pechos insospechados. Después, ella destruirá esos bocetos porque considera que no tienen la calidad que ella se exige. No, en esos primeros dibujos no pondrá su firma, todavía no ha nacido como pintora. Son dibujos de la intimidad abierta en canal.

A inicios de 1883, todavía nadie sabe que dibuja cuando está sola, aunque ésa es la fecha de su primer autorretrato. Ella está convencida de que ha de seguir aprendiendo. Sigue calentando motores. Primero ha de ser madre. Pero ¿quién es el padre de su hijo? ¿Acaso es el viejo Puvis de Chavannes con el que ha vivido en Neuilly durante medio año, a caballo entre el 82 y el 83? ¿Puede ser el joven crítico de arte catalán, un tal Miquel Utrillo, con el que ha protagonizado una apasionada aventura en la primavera del 83? ¿Quizás es aquel joven con el que se emborrachó una noche y con quien acabó en una roñosa cama de habitación alquilada? ¿Quién es el padre de su hijo? ¿Lo sabe? Lo intuye. ¿Y qué más da? No está casada y no quiere estarlo.

Él, sea quien sea, no tiene que hacer nada si no quiere, y ella, en realidad, no quiere que él haga nada. Marie no necesitó a un padre, y su madre, a pesar de sus quejas repetidas, no necesitó a un marido para seguir viviendo y para mantenerla con vida. Tendrá a su hijo ella sola, y ella sola lo dibujará y lo convertirá en un artista. Le regalará el hambre de pintura, la sed de colores y la necesidad –que ella también siente– de dejar rastro.

Por esos días de su embarazo, vive en la rue du Poteau. Se tumba en la cama cuando la gestación está ya muy avanzada y nota al hijo removiéndose por dentro, con el latido de la vida, la cabeza a vueltas de un lado a otro, ahora un codo, esto parece un pie. Está fascinada y se siente creadora. Sigue bebiendo, aunque alguna vecina le dice que no debería. No le importa. Sólo importan el bebé y la pasión por el dibujo, las dos cosas que ahora dan sentido a los días largos de náuseas, de dolor de espalda y de calambres. Y así, entre bocetos y alcohol, se prepara para que nazca el hijo sin padre, el hijo que es sólo suyo, su primera gran obra.

Procura dominar los nervios cuando llega el gran momento. La barriga se tensa en latigazos que son cinturones apretándola por dentro, como predijo la madre que ocurriría. Esos envites ocurren cada vez más a menudo y se prolongan durante más tiempo. El rito del nacimiento ha empezado, pero se dilata el dilatado tiempo de la dilatación y parece que el pequeño no da con el camino y el parto se complica. Algo no va bien.

Durante horas, Marie se retuerce de dolor ante su madre, quien, impertérrita, achaca el trance largo al hecho de que el hijo lo es del pecado. Su hija la mira con pasmo. Como si ella misma fuera fruto de cualquier otra cosa. No contesta. Se concentra en el grito. Entretanto, Madeleine sigue recriminando a Marie, para quien no hay palabras dulces.

La parturienta sufre, se lamenta y apenas oye la reprimenda ácida de la madre, quien, al final, se ve obligada a buscar ayuda precipitadamente porque Marie se desmaya y parece que su hija se está muriendo. Al fin, tras largas horas de agonía, el miércoles 26 de diciembre de 1883 nace Maurice Valade. Marie tiene dieciocho años y mucho frío.

Capítulo 7
Musa de los rechazados

La arisca, agresiva y hosca Madeleine, que sólo ha sonreído brevemente cuando su hija despierta un par de días después de la inconsciencia a la que la llevó el difícil parto, se ocupa gustosa del nieto como si fuera su hijo. El pequeño endulza su mirada y la abuela se muestra sorprendentemente tierna. Marie está tan pasmada que no dice nada y aprovecha para respirar más tranquila. La madre severa se olvida de las recriminaciones a las que la tiene acostumbrada, dedicada al nieto como está, en cuerpo y alma.

Primero, se trasladan abuela, madre e hijo al número siete de la rue Tourlaque, a un piso grande. Resulta evidente que ese padre desconocido finanza a Marie, ya que el coste de la nueva vivienda es elevado. Por esa época, la joven no trabaja y Madeleine gana muy poco. Además, la abuela ha dejado algunas de sus precarias ocupaciones para dedicarse al niño. Es seguro que ese hombre, del que se ignora el nombre, asume los gastos de manutención, y también que se trata de alguien acomodado que puede permitírselo.

En unos meses, la abuela, que cuenta ya con cincuenta y dos años, se muda con el bebé a un pequeño pueblito llamado Pierrefitte, situado a unos quince quilómetros de la ciudad. Entretanto, Marie se queda en París y ve a su hijo muy de vez en cuando. Por primera vez, Madeleine parece feliz. Marie le ha podido regalar algo de ilusión, un nieto que la rejuvenece y una manutención de origen desconocido.

Ella vuelve a trabajar como modelo en los estudios de la primavera parisina de 1884. Sus carnes jóvenes han regresado con rapidez al lugar de donde venían después de haberse estirado para albergar al bebé, de modo que interesa de nuevo a los pintores ávidos de cuerpos bellos y esbeltos. Aquellos bocetos de enormes barrigas preñadas ya no volverán. A partir de ese momento, a lo largo de la década de los ochenta, su figura va a aparecer en muchos de los más famosos lienzos que se pintaron entonces en Montmartre y que hoy cuelgan de las paredes de los museos más prestigiosos del mundo. Marie se convierte en la musa de muchos de esos pintores alternativos que, conocedores de los fundamentos de la pintura, quieren experimentar en técnicas y temas para ir más allá.

Ya había posado para Puvis de Chavannes en *El bosque sagrado*. Ahora lo hace para Renoir. En 1883, Suzanne aparece con Paul Lhote en *El baile en Bougival* y con Eugène Pierre Lestringuez en *El baile en la ciudad*. Son dos escenas de salón, de dama elegante con corpiño. En 1885, ya madre, la pinta en dos posiciones distintas, con la misma ropa, mucho más informal y erótica que en los lienzos iniciales. Nos la muestra con el cabello recogido y haciéndose una trenza, siempre con la mirada melancólica de un rostro idealizado. Suzanne cuenta ya con veinte años. Está triste en las dos imágenes y su cara no es exactamente la misma que nos han dejado las fotografías, pero destila sensualidad y misterio en los dos cuadros. Vuelve a aparecer en uno de sus más conocidos cuadros: *Los paraguas*, donde el rostro es un óvalo idealizado de boca pequeña y ojos grandes. Reconocemos a Marie, eso sí, por su gesto de serena tristeza. También está la modelo en su célebre *El almuerzo de los remeros*. La joven le permitía plasmar la belleza delicada en medio de la animada escena en que los remeros destacan con sus tirantes y se mezclan con las gentes de la ciudad que van a pasar un día de recreo.

Parece ser que Renoir, entre cuadro y cuadro, descubre el talento de Marie, pero no es él quien la anima a trabajar y formarse. De hecho, hay testimonios que afirman que ella percibió los celos del pintor cuando éste descubrió su talento un día que vio casualmente sus bocetos. No parece que él la ayudara a entrar en los círculos artísticos, a pesar de que mantuvieron un breve idilio y ella podía haber aprovechado sus influencias. La pintora, años después, dirá de él, sin pizca de afecto, que era un buen pintor, «todo pinceles, pero sin corazón». No es Renoir la puerta de entrada en el mundo del arte para ella, no. Faltan todavía unos meses para que llegue el auténtico acicate espiritual y artístico que lleve a Marie a creer que puede dedicarse plenamente a la pintura: Toulouse-Lautrec.

El encuentro de Marie con Henri Marie Raymond de Toulouse-Lautrec. Montfa es el verdadero terremoto artístico y personal que la transformará. Cuando se conocen, a él le quedan apenas doce años de vida y a ella bastantes más, pero todavía no lo saben. Es uno de los tipos más peculiares de los que se pasean por Montmartre. Primero son amigos; luego se convierten en amantes y en protagonistas de una apasionada relación cargada de altibajos.

Hay que comprender la peculiaridad personal de Toulouse-Lautrec para percibir la intensidad del personaje. Hijo de familia aristocrática, fue víctima de la endogamia del matrimonio de sus padres, quienes eran primos hermanos. A partir de los diez años, se le empezó a manifestar una enfermedad ósea que provocó la ruptura de sus dos fémures, cosa que le causó un crecimiento anómalo. La incompatibilidad genética de sus progenitores lo había condenado a la enfermedad y a la corta estatura. El resultado fue un enano vestido con ropas lujosas. Toulouse no se conforma quedándose en los círculos familiares, donde percibe la lástima que provoca en su familia o el rechazo de los estirados grupos elitistas que no siempre disimulan su asombro ante la figura pequeña.

Sin dudarlo, se marcha. Llega a Montmartre, ese lugar donde nadie es igual a nadie, donde todos pasan desapercibidos en su radical diferencia. Allí, lo normal es no ser normal, de modo que se siente como un pez en el agua. Desde el luminoso castillo de Albi, donde había nacido, llega a las calles de la bohemia más oscura.

Enseguida empieza a frecuentar los locales de moda donde se inspira pintando tipos peculiares y prostitutas alegres, a quienes inmortaliza. Se convierte en un habitual de todos aquellos lugares que Marie ha visto nacer y que ahora están rabiosamente de moda en ese París de fin de siglo, como el Salón de la Rue des Moulins, el Moulin de la Galette, el Moulin Rouge, Le Chat Noir y el Folies Bergère.

Toulouse-Lautrec es osado, divertido y ocurrente, un caballero diminuto que bebe hasta el coma etílico, que sufrirá *delirium tremens* y contraerá la sífilis. No tiene complejos, o sabe disimularlos muy bien. Vive al límite, llegando a los acantilados desde los que le ve el rostro a la muerte y le guiña el ojo.

Dado el talento que destilan sus dibujos sin complejos, los dueños de los locales que frecuenta le encargan carteles que promocionen el lugar o los espectáculos que se dan dentro y que hoy se han convertido en auténticos iconos y objetos de culto. Había que llamar la atención de los muchos visitantes que hervían por el barrio y los carteles cumplían esa función de llamada. Muchos de esos carteles cuelgan de las paredes del Museo de Montmartre, cuya sede está situada en el mismo lugar en el que vivirá y pintará Marie unas décadas después. Pero todavía no hemos llegado a eso. Aún la tenemos en proceso de aprendizaje.

Volvamos a fines del siglo XIX, cuando Toulouse-Lautrec, recién llegado al barrio, conoce a la bella Marie convertida ya en alma y musa de la noche. Todo el mundo en el barrio sabe quién es. Perla negra, extraña entre los extraños, se muestra siempre triste en su sonrisa melancólica. Alma extravagante también, es inevitable que se encuentren. Para Toulouse, Marie es una bella inspiración. Para Marie, Toulouse, además de la fascinación por el diferente que se ríe de sí mismo, supone la oportunidad de seguir en la senda del arte a través de los contactos del que, aunque no lo quiera, sigue siendo aristócrata.

Fue su musa, y, aunque es cierto que no fue la única –junto a Marie, el artista también inmortalizó a la cantante Yvette Guilbert y a la prostituta Rosa «la Rouge»–, el encuentro entre ambos fue muy intenso. Él la retrata varias veces, él la bautiza, él es el primero en comprarle un cuadro y él le presenta a quien será su mentor. Pero vayamos por partes.

Toulouse organizaba fiestas llenas de alcohol en su casa, fiestas que se convertían en un hervidero de artistas. Allí está siempre Marie, conociendo a todos los que le faltaba por conocer.

Muchos años después, evocará una escena en uno de esos cotarros. Recordará cómo a una de esas fiesta-reunión-tertulia acudió un tipo sombrío, pelirrojo, que mostró un cuadro a los presentes sin decir nada. Lo tendió en el suelo esperando que alguien comentara alguna cosa, pero la embriaguez y el erotismo dominaba al resto, de modo que nadie miró siquiera el lienzo que ofrecía el tipo peculiar, nadie excepto Marie. Ella explicará cómo observó al hombre callado que recogía el cuadro en medio del ruido del lugar –gritos, risas, licores derramados– y se iba tan discretamente como había entrado. Supo luego que se trataba de Vincent Van Gogh. Esa obra, cualfuera, la impresionó sobremanera y la influyó en algunos trazos de pincelada rotunda que, por otra parte, acentuaban la técnica ya utilizada antes por Alfred Sisley en la confección de las nubes en un lienzo de 1877 titulado *El Sena en Suresnes*.

Hay que hacer aquí un paréntesis en la figura del atormentado Van Gogh, porque tendrá importancia en la vida de Marie, aunque nunca lleguen a entablar una conversación. Su diálogo será a través de las pinturas. Ella, al ver el dibujo que les había mostrado casi como una ofrenda a todos los que disfrutaban despreocupadamente de la fiesta, se dio cuenta de que ese hombre plasmaba sus emociones en el dibujo y les estaba mostrando su alma. Cuando, poco después, llegó a sus oídos que se había automutilado cortándose parte de la oreja y, algo más tarde, que se había suicidado con treinta y seis años, supo también cómo se había revalorizado su obra en cuanto se convirtió en un pintor muerto. Todo esto iba a suponer un terremoto de ideas en la cabeza de Marie. En ese momento en el que todavía no sabe quién es, su rostro la impacta y, más adelante, la hará reflexionar. No al cuerdo, no al vivo, sino al artista loco y muerto es a quien valora la egoísta, caníbal y morbosa sociedad.

Se le va a quedar grabada la imagen, que resurgirá cuando la locura la aceche en la figura de su hijo. En este primer momento, siente sólo la fascinación que provoca la curiosidad. Está naciendo al mundo del arte y, como mujer lúcida y listísima que es, se está situando antes de actuar. Entiende que Van Gogh es un referente para imitar con cautela. Hay que caminar muy bien por la cuerda floja de la locura, sin dejarse caer.

Volviendo a la relación entre Marie y Toulouse-Lautrec, fue intensa y atormentada. Se dice que ella le rogó a él el matrimonio, que lo amenazó con suicidarse si no cedía, que él se negó, que rompieron. Se dice también que quien le pidió matrimonio a ella fue él. Resulta muy difícil imaginar a una u otra de estas dos almas libres chantajeando a la otra. Sea como fuere, en los dos años que duró su relación, entre el 86 y el 88, él la pintó y la bautizó, y ella a él lo hizo un poco más feliz.

Destaquemos dos de los retratos que Toulouse-Lautrec hizo de Marie. El primero se titula *La gorda Marie*. Dice algún libro de arte que ese cuadro refleja a una prostituta cuya identidad no ha trascendido, pero está claro que se trata de nuestra Marie. El moño, las cejas altivas, los pómulos salientes, la cara angulosa y el cuerpo recién parido. El lienzo, de 1884, es el primero que debió de pintar sobre ella. Hacía muy pocos meses que había tenido al hijo y tiene la pose descarada con la que ella misma se había bocetado tiempo atrás: de cara al que la mira, con las piernas entreabiertas y el gesto relajado. Está posando y la están mirando, como a la Susana bíblica la contemplaron los viejos. Es significativo que aquí la llame Marie y luego, como veremos, le regale otro nombre.

De todos los lienzos, y fueron varios, en los que Toulouse la representa, es *La bebedora* –de hacia 1888– donde se muestra más despiadado con ella, más incluso que en el desnudo rudo que la muestra de frente. Su perfil triste y oscuro, su cabello despeinado, la botella a medias y la pose cansada muestran claramente la imagen del desaliento en ese retrato de borracha.

Es cierto que el tema de la mujer embriagada en una mesa de bar; inmersa en el oxímoron de su soledad acompañada, rodeada de gente que ni se da cuenta de que ella está perdida ante la copa de alcohol, tenía su tradición contemporánea.

En 1875, trece años atrás, Degas había representado dos figuras adormecidas por el licor, un hombre y una mujer. En mi opinión, este cuadro es el mejor de los que tratan este tema. El desánimo de la mujer es tan palpable y la tristeza tan profunda que crean una terrible sensación de soledad y desaliento en el espectador. A pesar de que el título es *El bebedor de absenta*, la protagonista es claramente ella, en el centro, una mujer víctima del más tremendo abatimiento. La mujer está sentada junto al otro, pero ese otro que está casi fuera del lienzo. Descolocado el hombre en el margen de la indiferencia que muestra ante la tristeza de la mujer, lo único que hace es realzar todavía más la soledad de ella, que está en el centro. Ese cuadro, rechazado varias veces por la crítica del momento y tildado de «feo», debió de servir como fuente de inspiración para seguir con el estudio del motivo de la mujer bebiendo.

En el caso de la versión de Toulouse, Marie está sola ante la copa y la botella. Muestra matizado su perfil peculiar y una pose de desencanto. Está firmado el año de su ruptura: 1888.

Poco después, en 1901, Picasso le sacará punta al tema y ofrecerá su peculiar visión. Incluso Jean Béraud, pintor de escenas de salón, dedica algunos de sus lienzos a bebedores –y bebedoras con su eterno corsé– de ajenjo, absenta o cualquier otro licor en distintas tabernas. Estas figuras enfrentadas a la tristeza, que se refugian en la bebida, se convierten en el símbolo de la soledad en la que estaban inmersos muchos de esos tipos que pululaban por los bares de Montmartre. Eran tipos solos, que no a solas. La falta de comunicación con el resto es mucho más evidente si ese resto lo rodea a uno. Es fácil imaginar momentos de abatimiento en Marie como el que Toulouse inmortalizó, pero da lástima.

Por otro lado, ser modelo de cuadros incómodos en absoluto debía de incomodarla a ella, que iba a crear muchos otros. En esos años de tendencia antiacademicista, ya lo hemos visto, el hecho de que los conservadores atildados califiquen de fea o mejorable una obra es toda una victoria para los pintores alternativos que se erigen contra el arte acomodado y previsible. Quieren ser diferentes e imperfectos. Lo llevan a gala. Detestan la belleza ideal del arte académico, de modo que la ruptura de la norma es un reto que les apasiona. Cuanta más fealdad, mejor. Casi una caricatura y no un retrato, como el que dedicará poco más adelante a Marie el amigo italiano de su hijo, Amedeo Modigliani. El título, *La mujer triste*, no hace más que confirmar la constante en las imágenes –sean retratos pictóricos o fotográficos– que nos han quedado de Marie.

A Marie la retratan los academicistas, los impresionistas, los expresionistas, los surrealistas e incluso la retrata un compositor. Su imagen repetida una y otra vez en el arte de su época y las versiones que cada uno de esos pintores ofrecen de ella sugieren que fue objeto de observación y análisis. Sin embargo, ninguno de ellos la muestra como realmente era. Puvis de Chavannes cambia su rostro en los cuadros por el de una mujer de belleza clásica y proporcionada en una flagrante mentira disfrazada de clasicismo. Renoir la desdibuja en una falsa inocencia con sus pasteles. Toulouse-Lautrec se inventa su perfil; Erik Satie la caricaturiza, Modigliani la estiliza... Se da cuenta ella en cada retrato de que no es a ella a quien han pintado. Marie reparará dentro de poco esa injusticia plasmando su rostro desordenado de nariz larga, ojos azules, mandíbula dura de mujer en desequilibrio precipitándose hacia el vacío. Marie entenderá que retratar a alguien es mirarle el alma, y sus obras trascenderán siempre al cuerpo caduco, frágil y vulnerable al paso del tiempo. Sabe que lo importante no es el cuerpo, sino el alma. Ha sufrido que copien sus piernas y sus pechos, para luego inventar su cara. Será fundamental para ella retratar el rostro, el suyo y el de quien posa para ella.

En el caso de Marie, la pintan Puvis de Chavannes, Renoir, Toulouse-Lautrec, Santiago Rusiñol, Miquel Utrillo, Erik Satie, Alexandre Steinlen, André Utter y Amedeo Modigliani, e incluso parece sugerida en alguna geometría rota de Picasso. Son muchos nombres los que firmaron retratos con su rostro, y, sin embargo..., sé que falta uno. Reviso una y otra vez el listado de artistas que reflejaron su imagen y me encuentro siempre con un vacío: su hijo.

Maurice Utrillo, quien se convertiría en un reconocidísimo pintor maldito, nunca la retrató o, si lo hizo, no he conseguido dar con la imagen, quizá porque nunca la hizo pública. Es cierto que Maurice es un pintor de paisajes y no de personas. Todas sus mujeres caminan de espaldas. Son trazos de culos gordos paseando, con un sombrero y unos palos por brazos y piernas. Todas, excepto su mujer, Lucie Valore, a quien sí retrató. Imagino que estuvo tentado de plasmar a la madre. Puede que algún retrato suyo esté guardado en algún cajón olvidado o puede que nunca lo intentara... Quizá cuando nos acerquemos a la relación que unió –o desunió– a madre e hijo podamos entender el porqué.

Sea como sea, salvando esa ausencia, para los que nos aproximamos a su figura es una suerte tener este legado de su rostro y de la interpretación que ofrecen de ella tantos otros pintores célebres. En todos esos cuadros, entre lo heterogéneo de los lienzos y las muy distintas visiones que nos han legado los que la retrataron, hay dos elementos comunes en la mujer: una rabiosa fuerza interior y la tristeza, esa que sentenció Modigliani al ponerle título a su retrato. Mujer triste, que no anodina, obligaba, también a los otros, a mirarla a la cara y a explicarlo.

Capítulo 8
Suzanne Valadon

–Marie, te llamarás Suzanne.

–¿Suzanne? ¿Por qué?

–Porque, como a la bella y joven Susana, te contemplan desnuda los viejos. Sí, serás Suzanne. ¡Suzanne Valadon, la pintora!

Suzanne Valadon. Marie se lo piensa un momento. Ha sido un golpe de ingenio de un artista borracho, un juego, pero le suena bien el nombre y contesta con cierto entusiasmo:

–¿Por qué no?

Acepta el nombre que le dedica Toulouse-Lautrec como un regalo, aunque es casi una broma. La bautiza en una de sus fiestas, abarrotada de artistas bebidos y drogados. Entre gritos, risas y aplausos, la rocía con absenta para completar el rito. ¡Suzanne! ¡Suzanne Valadon! Todo el mundo está bebido y celebra la ocurrencia que, para Suzanne, es mucho más que eso. Ese nombre es el inicio formal de su vida como artista. Esas catorce letras la definirán a partir de entonces.

En 1885, Toulouse certifica el bautizo al titular otro retrato de ella precisamente así: *Retrato de Suzanne Valadon, artista y pintora*. Hacía constar en acta que había nacido una nueva creadora dejando su testimonio pictórico. Es un año después de haber pintado *La gorda Marie*. En uno está desnuda, mujer que se muestra tal y como es; en el otro aparece vestida con la máscara de una pintora sin pinceles, confiando sólo al título su condición de artista.

El nombre es una de las dos grandes deudas que tiene hacia Toulouse-Lautrec. La otra es que le presenta a Edgar Degas, el gran

Degas al que Suzanne admirará durante toda su vida. Efectivamente, Toulouse le concierta una cita con el pintor, que es un hombre arisco y misántropo. Tal y como ha pactado el cartelista, Suzanne acude a casa de Degas con una carpeta repleta de dibujos bajo el brazo. El encuentro lo describe con detalle John Storm en su imprescindible biografía de 1959, titulada *The Valadon Drama. The Life of Suzanne Valadon*.

Suzanne llega ante la soberbia entrada de la casa del pintor. Tras llamar con decisión, abre un criado y, cuando entra, la recién bautizada como Suzanne Valadon –nombre al que nunca renunciará– oye de fondo la voz ruda de Degas dando órdenes desde el interior de la vivienda a algún otro sirviente. Al fin, el artista aparece en el salón donde ella lleva esperando algunos minutos. La recibe con la indiferencia de quien espera la entrega del anodino paquete de una tienda de comestibles. Coge la carpeta con dibujos que ella le ofrece. La abre y valora en silencio su obra, tomándose su tiempo. Al cabo de un rato, pronuncia unas palabras que, para Suzanne, se convierten en toda una declaración de principios:

–Sí, usted es uno de los nuestros.

¡Uno de los nuestros! Quizá lo dijo el gran Degas, quizás imaginó esas palabras la entusiasta pintora y las evocó repetidamente en su vejez, como si fuera un sueño cumplido... En cualquier caso, Suzanne recordará siempre ese primer encuentro con el maestro, quien le iba a abrir muchas puertas. El pintor confirma lo que debió de haberle dicho Toulouse-Lautrec cuando le anunció la visita de la joven: el talento en potencia y la fuerza del trazo. Ella se siente entonces capaz de todo. Con el nuevo nombre, vestida de artista, reconocida por uno de los grandes del momento, Suzanne va a por todas. Valora esa bienvenida y cultiva la amistad con Degas, con quien mantendrá a lo largo de su vida una nutrida correspondencia. En las epístolas, ella será para él la mujer auténtica con su nombre verdadero. Así, la llamará *la terrible Marie, la sauvage Marie*, la artista que se come el mundo. Degas siempre será para Suzanne un mentor, un maestro y un modelo que seguir.

A Degas, «lo que le importaba era el juego de la luz y la sombra sobre las formas humanas, y ver de qué manera podía lograr sugerir el movimiento o el espacio. Demostró al mundo académico que los nuevos principios de los artistas jóvenes, lejos de ser incompatibles con el dibujo perfecto, planteaban nuevos problemas que sólo el más consumado maestro en el dibujo podría resolver». Es una afirmación de Gombrich, quien considera a Degas un maestro indiscutible. En este sentido, Degas debió de percibir en Suzanne el trazo firme y sincero, ya que no la técnica. Le dio más valor a la emoción que destilaban las obras de la joven pintora que a la perfección técnica en la creación. Esa relación artística entre el genial misántropo y la futura pintora es una clave en la biografía de ella. Es Degas quien la guía en el arte del grabado, quien la anima a perfeccionar sus obras; es él quien adquiere veintiséis de sus obras, y es él quien le insiste para que en 1894 exponga alguna de ellas en el Salón de la Nationale. Toulouse-Lautrec la bautizó y Degas la alimentó. Entre los dos la ayudaron a caminar por la compleja senda del arte de París.

Entre los dos la ayudaron a caminar por la compleja senda del arte de París. Y éste es el auténtico inicio de su carrera, su *tournant* de vie.

Si la vida de la artista suele estar plagada de secretos, son muchos los que se esconden en la década de los ochenta. En el año 85 se volvió a quedar encinta de un niño que nacería en mayo del año siguiente y apenas sobreviviría tres meses. De nuevo, un padre desconocido es responsable de un hijo que, también de nuevo, queda sin apellido. Esa pérdida, por más que la mortalidad infantil fuera algo habitual en la época, debió de suponer un durísimo golpe para ella. No conocemos dibujo alguno que testimonie su dolor, pero sí tres hilos que lo revelan: la tristeza que se le queda anclada en la mirada de los autorretratos y retratos que vendrán, la devoción por el hijo que sobrevive y la extraña coincidencia de que, en 1886, había nacido también el hombre que sería su marido tantos años después.

En ese tiempo, pinta y, cuando llega la melancolía o la tristeza es demasiado grande, la absenta sigue ayudándola a olvidar. Pinta y bebe. Bebe y pinta. Y empieza a dejar todas las emociones que la embargan cuando se enfrenta al blanco del papel y al vacío de la vida con unos trazos duros, seguros y agresivos.

Capítulo 9

Un apellido para su hijo

De momento, Suzanne no se mueve de Montmartre. Son los otros los que van y vienen. En 1888, uno que se va es Toulouse-Lautrec, y otro que vuelve es Miquel Utrillo; aquella M dentro de la U que había firmado un retrato que cuelga hoy de la pared de un museo de Sitges.

Utrillo es un joven intelectual catalán que había vivido en el barrio parisino entre los años 1880 y 1883, con quien Suzanne había tenido una apasionada relación sentimental. Utrillo estaba vinculado a una adinerada familia catalana de reconocidos cartelistas. Su primo, Antoni Utrillo, era una figura destacada en esa industria. Con un taller de litografía en el número 6 del burgués Paseo de Gracia, de Barcelona, Antoni era un referente. Miquel es también un artista, aunque se dedica más al periodismo que al dibujo.

Llega ahora a París como redactor de *La vanguardia*, diario para el que inicia una serie de artículos titulada «Desde París», en la que cuenta sus impresiones de la ciudad. Miquel y Suzanne debieron de reencontrarse muy tempranamente, pero será dos años después, en 1890, cuando vivan juntos una temporada. Parece ser que la relación era tormentosa, de pelea diaria. Santiago Rusiñol los inmortaliza en plena escena de desencuentro, en un salón justo encima del Moulin de la Galette en que la distancia entre los dos personajes es evidente. La imagen es significativa del muro que separaba a la pareja, de la falta comunicación.

A pesar de todo, siguen juntos hasta el año 1891, en que fue realizado el retrato que motivó el inicio de esta búsqueda. Efectivamente, ese año Miquel Utrillo firma aquel retrato a lápiz y ella, ya dibujante y pintora a tiempo completo, lo retrata a él. Puestos los dibujos uno frente a otro, parecen interpelarse. En el retrato del rostro de Suzanne, detrás de la hoja, aparece una inscripción: «Recuerdo de la guerra de los siete años». Encuentro ahora más sentido a la referencia de la que me habló aquel día soleado de enero el vigilante del Cau Ferrat.

Me había comentado Carles Miret –supe su nombre cuando conseguí contactar con él al hilo de esta investigación– que probablemente se trataba de una alusión a aquella guerra de los siete años del siglo XVIII –la que transcurrió entre 1756 y 1763 y que enfrentó a las grandes potencias del momento con el resultado de debilitar a Francia y fortalecer a Gran Bretaña– que había fascinado a los intelectuales modernistas de fines del XIX, como fascinaría por la decadencia y las consecuencias la pérdida de las colonias a los españoles de la generación del 98. Sin embargo, creo hallar una referencia más personal en la biografía de Suzanne y parece encajar esta teoría que sigue.

Siete son los años que van de finales de 1883 a 1891, desde que nació Maurice hasta que él hace el dibujo y otorga su apellido al niño. ¿Acaso la guerra era el litigio por la paternidad de Maurice? ¿Quizás ella le reclamaba el apellido y él no quería dárselo? ¿Acaso él quería que llevara su nombre y ella insistía en que no quería que lo llevara y, finalmente, cedió? Es otro de los misterios que envuelve a Suzanne y, en este caso, a la pareja Valadon-Utrillo. Sea como fuere, lo solicitara quien lo solicitara, el catalán Miquel Utrillo concede su apellido al niño –«Utrilló», transformado en palabra aguda, con *r* gutural–, quien, con el paso de los años, se va a convertir en uno de los más célebres artistas del panorama pictórico francés. También, eso está claro, es curiosamente 1891, siete años después del nacimiento de Maurice, el año de la ruptura entre Suzanne y Miquel. La cesión del apellido es el acta en la que consta la ruptura sentimental de la pareja.

Años después, Miquel Utrillo se casaría con Lola Vidal, una viuda de Sitges, que era madre de un niño. Repetía así, en cierto modo, el esquema de mujer con hijo que le fascinaba en Suzanne. Se dio el caso de que Miquel tuvo dos hijos con Lola, así que fue padre de dos y padrastro o padre putativo de otros dos, o puede que fuera padre de tres –si Maurice fue efectivamente su hijo– y padrastro sólo del primer hijo de Lola Vidal.

Una posibilidad que explicaría la cesión de su apellido es la generosidad. Hombre liberal, republicano y moderno, actuaría con gran caballerosidad al regalarle el apellido al pequeño para que Maurice no fuera considerado un hijo natural –fuera o no su padre– y para que no sufriera ningún tipo de marginación. Otra posibilidad, por supuesto, es que efectivamente fuera su padre y acabara por aceptar oficialmente su paternidad.

Lo cierto es que, una vez firmada el acta de reconocimiento, Miquel desaparece de la biografía oficial de Suzanne y del posible hijo. Veinticinco años después de esa despedida, en 1916, Miquel promovió una exposición de arte francés de vanguardia en las catalanas Galeries Laietanes. Ahí se pudieron contemplar lienzos de Maurice Utrillo. La exposición tuvo tal repercusión que le concedieron a Utrillo al año siguiente la Legión de Honor francesa. Si participó alguno de los lienzos de Suzanne –no hay testimonio alguno más que el recuerdo de algunas de las personas que la conocieron–, seguramente Miquel y Suzanne volvieron a verse al hilo de la exposición, aunque debió de ser de forma esporádica y discreta.

Miquel acabará marchándose a Estados Unidos para probar suerte difundiendo el teatro de sombras al que se dedica con pasión. A partir de ahí, su vida errante lo va llevando cada vez más a Barcelona y a Sitges, el del siglo XIX; ese Sitges marinero de paredes blancas y mar azul donde nació esta historia del siglo XXI y donde él acabó muriendo en el siglo XX, en 1934, cuatro años antes que Suzanne.

Aquí vuelve a ser importante el testimonio que John Storm deja en su documentadísima biografía sobre Suzanne. Por un lado, transcribe el acta de reconocimiento del hijo por parte de Miquel, iniciada el 27 de febrero de 1891 y ratificada por el artista catalán el 8 de abril del mismo año. Por otro, cuenta con el testimonio de unas cien personas próximas a la pintora o conocedoras de la figura de Suzanne, a quienes tuvo la suerte de entrevistar, según afirma en el prólogo. En este caso, nos importa el recuerdo de Nora Kars, íntima amiga de Suzanne en sus últimos años. Nora era la mujer de Georges Kars, un artista que había llegado a París en 1908 y se había instalado en Montmartre. Allí conoce a Suzanne y a Maurice, con los que traba una entrañable amistad. En los años siguientes, veranearían juntos y Kars dibujaría a toda la familia. Georges Kars es, de hecho, quien tiene el triste privilegio de haber realizado el último retrato de Suzanne, como veremos.

Storm recoge una curiosa visita que recibió la pintora en 1934 tras la muerte de Miquel Utrillo. La pintora cuenta ya con sesenta y ocho años cuando dos jóvenes, que se presentan como hijos de Utrillo, llegan a su casa para rogarle que firme unos documentos en los que renuncia a cualquier derecho sobre los bienes que ha dejado en herencia su padre. Nora Kars, que acompaña a la pintora, describe a la Suzanne de aquel día como una gran dama del cine, que recibe con estilo la visita. La misma Nora confiesa a Storm que Suzanne estaba sumamente afectada cuando se enteró de la muerte de Utrillo. Nora, quien había visto la noticia del fallecimiento ilustrada con una fotografía en la prensa, estaba anonadada del parecido entre Miquel y Maurice. Ella le pregunta a Suzanne si es su padre. Suzanne la mira con los ojos llorosos, pero no contesta, así que Nora está intrigadísima cuando llegan los hijos legítimos de Utrillo y espera el diálogo con gran expectación. Quizá se revele el secreto.

Suzanne, tras recibir a los dos hombres, les ruega, con cierto histrionismo, que la disculpen un momento. Ha de buscar algo. Los deja con la intriga durante un rato. Cuando regresa, lleva en sus manos un hatillo de unas cincuenta cartas y unos dibujos. Por lo visto, relee alguna y, sin decir nada, delante de los hijos de Utrillo y de su amiga Nora, las lanza al fuego sin que ninguno de ellos pueda leerlas. Allí se quemó la verdad de la relación entre el crítico de arte catalán y la pintora francesa, convirtiendo éste en otro de los enigmas que rodean a la figura de la pintora. Al fin, Suzanne los miró fijamente y les dijo que no se preocuparan, que su padre no era el padre de su hijo. Firmó los documentos en los que renunciaba a posibles reclamaciones económicas futuras por su parte o por parte de Maurice. Les regaló también algunas obras que conservaba de su padre: dibujos y retratos. Iban a viajar a Sitges, donde ya estaba aquel a lápiz que Utrillo le hizo y que cuelga hoy de una pared de un museo en esa misma ciudad; ese que sigue siendo el corazón de esta historia.

Capítulo 10

Diabolus in musica

En un momento en que no existen las redes sociales virtuales –imposible buscarse en Facebook o Instagram, impensable crear un chat a finales del siglo XIX–, Montmartre es una red de contactos repleta de artistas. Basta con ir a una taberna para conocer a gentes nuevas e interactuar con ellas, ya sean pintores, escritores, músicos, personajes de la farándula o prostitutas profesionales que se divierten con los bohemios muertos de hambre o que cambian su cuerpo por un lienzo, un poema o un vaso de absenta.

Corre el año de 1893 cuando, en esa vorágine algo caótica de ilusión, alegría y explosión de colores –brutal cromatismo que vino a calificar, paradójicamente, de «negra» a la bohemia–, el melancólico Erik Satie destaca por su oscura discreción paseando por las calles de Montmartre. Tipo apocado y músico humilde que gana algún dinero en una de esas tabernas tocando el piano, queda fascinado al ver a Suzanne. Es un joven extraño que lleva siempre alguna melodía en la cabeza y, de pronto, esa mujer le sugiere cientos.

El 14 de enero del 93, Suzanne y Erik se conocen y ése es el día en que empieza su idilio. En todos los libros que hablan sobre ellos se recoge la anécdota de que ese mismo día Satie pidió a Suzanne que se casara con él, y ella se negó. Esa negativa es la explicación de la melancolía que caracterizará siempre al compositor, hombre sombrío donde los haya. Cuando se encuentran, Suzanne tiene veintisiete años; él, veintiséis. Ella ya ha vivido con Puvis de Chavannes y con Utrillo, ha sido amante de muchos otros, ha tenido un hijo…, y Satie queda totalmente seducido por esa mujer bella, vivaracha y sin prejuicios.

Una fotografía en blanco y negro, fechada en 1891 y conservada por los Archivos de la Galería Nacional de Praga, la muestra desnuda, posando ante el pintor checo Vojtech Hynais. Emociona su juventud, su cuerpo expuesto a nuestra mirada actual. Esa imagen nos permite imaginar todas las ocasiones en que se mostró y transmite la seguridad de la joven que no se amilana. Ésa es la mujer que encandila a Satie.

Todo empezó porque Miquel Utrillo había instalado un teatro de sombras –proyecto que lo tenía fascinado y con el que viajaría años después a América– en el sótano de L'Auberge du Clou, lugar donde trabajaba por entonces Satie, poniendo música a las representaciones de las pequeñas marionetas de cartón articuladas.

A Suzanne y a Erik los presentan amigos comunes –seguramente, el propio Utrillo–, y enseguida conectan. Charlan, beben y ríen juntos, lo suficiente como para que Satie se enamore. Tras el rechazo a su petición de matrimonio, la relación va a durar hasta que ella percibe el espíritu negativo, triste y obsesivo del músico. No se quiere dejar arrastrar, porque Suzanne es vida, vida, vida. Imposible para un espíritu como el suyo atarse a un hombre tan apegado al pesimismo. Cuando se da cuenta de que el místico y sombrío Erik Satie está enamorado locamente, sienta las bases. No es mujer de un solo hombre, le dice, y él lo acepta a su pesar.

> Acabo de componer para usted, hoy, 2 de abril de 1893, una música de bienvenida. Todavía estoy ante el piano, temblando, visiblemente iracundo, con manto negro, como si fuera un empleado de pompas fúnebres. Para que no diga que sólo compongo preludios para perros.

Son palabras de Satie, quien, en esa época, crea piezas cargadas de emoción dedicadas a la pintora. Ella colabora por entonces con él ilustrando alguno de sus libretos, poniendo imágenes a sus melodías, y también se dedica a retratarlo al óleo en uno de los primeros cuadros con este motivo –el rostro de otro– que se conocen de Suzanne. En el lienzo, los colores que predominan son oscuros. La mirada se muestra incisiva, la boca tiene la tensión de los que están sumergidos constantemente en cavilaciones profundas. El lienzo es inequívocamente serio. Sólo el rosa del fondo transmite algo de energía, quizás agresiva.

Le regala el cuadro como símbolo de entrega, pero se trata de la entrega que puede ofrecer Suzanne, quien reparte sus atenciones y tiempo entre Satie, un banquero llamado Mousis o cualquier otro que la haga sentir atractiva, deseable y viva. A todos puede darles atención, sexo e incluso algún tipo de amor. Erik Satie, destrozado y superado, acepta durante un tiempo el trato de tenerla compartida.

En una de las cartas que se conservan de Satie, cuando parece ser que la relación era a tres bandas, él se muestra totalmente entregado:

> *Je suis devenu terriblement raisonnable; et malgré le grand bonheur que j'ai a te voir je commence à comprendre que tu ne peux toujours faire ce que tu veux.*

Terriblemente razonable, comienza a comprender que ella no puede hacer siempre lo que quiera, porque una relación de tres le impide la libertad de movimientos. La sombra de un tercero se intuye tras esas palabras escritas con el fuego de la pasión y los celos, escritas con el dolor del que se quiere domesticar ante la ausencia de la amada, es más, imaginándola en otros brazos. La letra meticulosa de Satie, los márgenes perfectos, la encendida despedida –*je t'embrasse sur le coeur*– muestran a un hombre meticuloso, entregado y rabiosamente obsesionado con Suzanne.

Después de meses de relación partida, de relación a trozos, parcheada con los ratos dedicados a uno u otro amante, ella rompe. Suzanne toma a su hijo, que por entonces tiene diez años y que en ese momento vive con ella en París, y se traslada. El músico y la pintora no volverán a estar juntos. Mejor dicho, ella no volverá a estar con él. Ella, para él, en cambio, será su musa siempre.

Se sabe que «Biqui» –así la llamaba– se convierte en su obsesión. Los escasos meses que duró la relación, él perdió el norte. Confesó que necesitó orar para reencontrarse. Afirmó que compuso las *Danses Gothiques* para tranquilizar su mente, cargada de angustia y pesadillas.

Una vez que Suzanne se va, a solas consigo mismo, acompañado por la más cruel soledad, compone las enigmáticas *Vexations*, una pieza que permaneció desconocida hasta su muerte. De hecho, todo su mundo privado estuvo oculto en su pequeña habitación, a la que no dejaba entrar a nadie. Fue tras su fallecimiento, causado por una cirrosis hepática el 1 de julio de 1925, cuando sus amigos pudieron entrar en su espacio, ese templo en el que vivía el fantasma de Suzanne. Descubrieron los objetos de un tipo introvertido y meticuloso. En una habitación sucia y austera en la que había una cama, una mesa, una silla y un piano roto, aparecieron otras curiosidades. Inventariaron más de treinta paraguas, numerosos trajes idénticos de terciopelo gris, cientos de papelillos repletos de reflexiones, un ejemplar manido de *Las flores del mal* y, sobre todo, el retrato que Suzanne le regaló, así como las cartas de amor que él le había ido escribiendo a ella, su musa, a lo largo de treinta y dos años, unas cartas que nunca se atrevió a entregarle. Ella se había convertido para él a lo largo de su vida en un oxímoron: una terrible presencia ausente, una agónica ausencia presente.

Alfonso Vella, en su magnífica biografía titulada *Satie. La subversión de la fantasía*, detalla lo que ocurrió con esas cartas una vez que el hermano del compositor las encontró tras su muerte. Se las hicieron llegar a Suzanne, quien debió de leerlas y, presumiblemente, guardarlas bajo llave para evitar el sentimentalismo. Vella habla también de otro hallazgo: «Un letrero exquisitamente caligrafiado en tinta azul y roja (conservado hoy en la Biblioteca Nacional de Francia), del que pendía una guedeja de su amada, con las fechas del comienzo y el fin de su romance: 14 de enero - 20 junio de 1893).

No se le conoció ninguna otra relación amorosa». Suzanne fue, para este músico, de quien Man Ray dijo que era «el único músico que tenía ojos», una dramática inspiración.

Pero centrémonos en el curioso hallazgo musical que supone la enigmática pieza titulada *Vexations*. Se trata de una composición de sólo dieciocho notas, que consta de un texto instructivo con indicaciones para su interpretación: «Para tocar 840 veces este motivo, hay que prepararse con antelación, en el más profundo silencio, para la más intensa inmovilidad». Es una inquietante composición llena de vacío, de incertidumbre y de incógnita. En un bucle incansable, transmite absoluto desasosiego. Él dejó indicado en la partitura, además, que se debe tocar: *Très lent*. Muy lento. Rabiosamente lento hasta llegar a un estado casi catatónico.

He encontrado referencias a varios pianistas que se han aventurado a darle vida a la pieza siguiendo sus instrucciones: dieciocho notas interpretadas ochocientas cuarenta veces. Invirtieron más de dieciocho horas, en un experimento que los acercó a estados cercanos al delirio.

Me pongo en YouTube una y otra vez una grabación de tres minutos que hay colgada de la pieza y no consigo entender bien. Intuyo el desánimo, pero me pierdo. Me bloqueo. Pido entonces a Oriol, el profesor de música de mi instituto, que escuche conmigo y me ilumine. Oriol, tras valorar la pieza con absoluta concentración, me explica que la melodía utiliza un tritono que resulta disonante y que provoca un intervalo inestable. ¡Inestabilidad! Eso sí me empieza a aclarar alguna cosa. Me dice que es una estructura que abruma por su atonalidad. Esta ruptura, me dice, es muy típica de la Edad Media.

–Se llamó *diabolus in musica*...

Ese tono desacorde creaba la ilusión de un desorden, y, en el imaginario supersticioso medieval, se creía que el demonio se había infiltrado en la partitura para romper lo canónico. Como sea, me aclara, es una estructura de sonido incómodo. Además, añade, el hecho de que se deba repetir tantas veces lleva al uso de un *ostinato*;

esto es, la utilización de la repetición obstinada como técnica de composición en la que una o varias notas se repiten –exactamente iguales– en cada compás.

–¿Te sirve?

¿Diabolus in musica, ostinato...? ¿Qué sugiere esta pieza: lo oscuro, lo obstinado? ¡Claro que me sirve! Dieciocho notas que no van a ninguna parte, porque la negación al futuro de la pareja vuelve a empezar una y otra vez, una vez y otra. Es el bucle de la negación para la esperanza.

También escuchamos juntos *Bonjour, Biqui, bonjour,* una composición dedicada a ella y fechada el 2 de abril de 1893, cuando todavía son pareja. De nuevo, *très lent.* Muy lento. En este caso, me explica Oriol, la composición corresponde también a la misma estructura que utiliza el tritono como base. Lo que está claro, acaba por ilustrarme, es que ambas eran melodías compuestas desde la incomodidad y el desaliento más absolutos. En la partitura, además, destaca un retrato que Satie hizo de Suzanne, casi una caricatura. Apenas faltaban dos meses para que su relación acabara, pero todo en la melodía parecía presagiar el triste final o, por lo menos, el desaliento de tener que compartirla.

Una vez en casa, de nuevo a solas con Suzanne, Satie y sus composiciones, escucho las melodías varias veces, en silencio y a oscuras. Aun siendo atonales y muy lejos de la armonía a mil voces que era la vida de Suzanne, también está retratada su arrolladora personalidad en ellas.

Vexations, pieza mínima e inextinguible a un tiempo, es un caso de dinamismo inmóvil o de movimiento quieto. De nuevo hay que acudir al oxímoron, recurso que rompe la idea, para describir las piezas fatales de Satie. En este caso, compuesto ya desde la ruptura y la distancia, es una especie de epitafio.

> Anoche compuse en su honor cincuenta y dos compases, ni uno más ni uno menos, de trece medidas de largo, que deben repetirse 840 veces en la ejecución. Fue como erigir en

su honor una tumba infinita y periódica. Dichosa usted. No cualquiera accede así al pico del menosprecio.

Estos comentarios severos de Satie a Suzanne, crueles en muchos casos, los recoge María Negroni en un libro que ha sido todo un hallazgo en la tarea de intentar comprender la naturaleza de la relación que unió al músico y a la pintora:

> Si tuviera que darle un consejo, Biqui, incluso gratuitamente, le sugeriría que evite a la policía. Si la llevaran presa, *chérie*, no podría ir más al Cabaret du Néant, ni al mercado, ni al teatro, no podría ver a su notario, ni excederse en el alcohol y después tambalearse hasta su cama. Ni siquiera concurrir a los baños de mar en familia, aunque no tenga familia. Tome nota y no sufra. Me doy las gracias, tan merecidas.

«De nada», le escribe otro día. *Objeto Satie* recoge estos testimonios en una antología que perfila la geografía de estas figuras a través de sus palabras de amor y, también, de sus dardos envenenados.

Queda claro que el profundo Satie no pudo escapar a la obstinación obsesiva por esta mujer que no dejaba a nadie indiferente y obligaba a todos a hacer arte con el dolor que les provocaba su indiferencia.

Capítulo 11

Una mujer en la Socièté Nationale des Beaux Arts

Suma y sigue. Suzanne, mujer fuerte, resuelta y práctica, no mira hacia atrás. Olvida pronto los reproches y los acordes tristes de Satie. Ahora tiene la vista puesta en el objetivo con el que ha coqueteado desde hace años: pintar.

Quiere dedicarse en serio a la pintura y quiere, además, que su trabajo sea admirado. No desea ser una más de las muchas mujeres que sabe que quieren abrirse paso en París, habitantes anónimas de esas anodinas academias que proliferan. Ella quiere destacar. Ha realizado muchos bocetos a lápiz, ha hecho el retrato de Satie, el de su amigo pintor Bernard Lemaire, el de la madre de Lemaire y también el suyo. En este sentido, su labor como retratista empieza a ser conocida, interesada como está desde el inicio de su trayectoria en la figura humana.

De esta época de los primeros años noventa, conservamos unos preciosos bocetos suyos del pequeño Maurice. Dado que no puede ir a una academia ni pintar del natural otros desnudos, utiliza al niño y a la abuela como modelos en las posiciones más diversas.

El trazo es enérgico, firme y seguro. Dibuja su perfil, su espalda, su cuerpo tumbado de niño casi hombre. Dibuja también a la madre, encorvada y anciana. Trabaja en numerosos estudios de pies y llama la atención que firme todos los bocetos. Es consciente de su valor, de su energía, y confía en que su trabajo sea valorado, reconocido y recordado. Proyecta su labor hacia la fama y el éxito económico.

Su inicio como pintora es el dibujo. La figura humana la fascina. Seguirá pintando desnudos a lo largo de toda su carrera pictórica, pero cambiarán los y las modelos, vestidos y desnudos, sobre todo desnudos. Siempre la ocupará la representación del cuerpo en todo tipo de posiciones. A lo largo de su carrera, refleja cuerpos de niño en el cuerpo de su hijo, cuerpos de anciana en el de su madre, cuerpos de hombre deseable en el de su amante, cuerpos de hombres aburridos en los otros hombres, cuerpos de jóvenes mujeres blancas y negras en las otras mujeres y en sí misma. También la ocuparán rostros: de la madre, del hijo, de los amantes, de las modelos… y también el suyo.

Dibuja, dibuja y dibuja por esa época –corre el año de 1894– en que es la primera mujer en ser admitida para exponer en la Sociedad Nacional de Bellas Artes de París. En ese momento, uno de los fundadores y todavía figura de peso en la institución es Puvis de Chavannes, aquel tipo que la pintó idealizada mientras convivía con él durante unos meses, cuando él contaba sesenta años y ella quince. Suzanne, lo hemos dicho, es sumamente práctica, así que llega el momento de sacar beneficio de sus entregas.

Pierre Puvis de Chavannes, de quien la mujer de Maurice, años más adelante, dirá que podría ser, muy posiblemente, el padre de su marido, debió de abrirle las puertas del reconocimiento y el prestigio a ella, la pintora autodidacta que no pertenecía a ninguna estirpe familiar de artistas, pero que había sido su modelo para tantos cuadros. Marie se ha ganado el honor de exponer en esa sociedad elitista por su resistencia, su insistencia y su ardor.

También Degas ha defendido su nombre. A Degas, desde que se lo presentara Toulouse-Lautrec, siempre lo consideró un maestro y un buen amigo con el que tuvo una estrecha relación basada en el arte. Para ella, que no se avergonzaba de haberse acostado con tantos hombres, era muy importante que quedara claro que Degas no había sido su amante ni ella su modelo, sino que habían establecido una relación de iguales y que, trabajando codo con codo en el estudio de Degas, se habían inspirado mutuamente. Tras aquel encuentro en que el misántropo había valorado su obra y le había dicho que era uno de ellos,

Suzanne había llevado siempre a gala ese juicio favorable, el del pintor al que más admirará a lo largo de su vida.

Lo cierto es que el apoyo de ambos artistas –Chavannes y Degas–, unido a la fuerza y al talento de su pintura, debió de ser crucial para que Suzanne consiguiera exponer en el Salón en una época en que los lienzos femeninos tenían muy difícil colgar de esas paredes.

Si observamos un cuadro costumbrista del momento como es *Los miembros del jurado del Salón* (1885), de Henri Gervex, podemos observar cómo se seleccionaban las obras en función de su perfección clásica y también podemos percatarnos de la exclusiva presencia masculina en las salas. Bedeles, pintores y críticos de arte son hombres.

En ese ambiente conservador de predominio masculino, la entrada de Suzanne tuvo que resultar un pequeño escándalo. Ella debió de aceptar con la frente muy alta y con la convicción de que se lo merecía. El tiempo pasa veloz, está a punto de entrar en la treintena, así que no le importan los medios, sólo el fin. Conoce bien las cloacas de los más rancios círculos académicos y burgueses, de modo que no duda en utilizar todas las influencias que le permitan mostrar su arte e intentar el reconocimiento artístico y el éxito económico. Además, está convencida de que sus obras empiezan a valer la pena.

El crítico de arte, también pintor, fabricante de muebles y cerámicas y diseñador de interiores, Francis Jourdain dirá que las composiciones de Suzanne son crudas, pero firmes, realizadas con coraje. Afirma el crítico que tales características proporcionan a sus cuadros un carácter inesperado y una búsqueda de la verdad, que es el gran valor de la obra de Valadon.

Respecto a esta primera incursión en una de las grandes instituciones, hay una anécdota divertida que da una pista del carácter salvaje de Suzanne. Se daba el caso de que uno de los académicos que también había expuesto en esa ocasión tenía el mismo apellido. Jules Emmanuel Valadon, hijo de un célebre ingeniero y empresario que había dado nombre a una de las calles de París, era un pintor y académico ya veterano –a sus sesenta y ocho años– que no había conseguido el éxito a pesar de llevar décadas intentándolo. Sin embargo, gracias a sus contactos, había conseguido una posición destacada en la Nationale y en otros organismos artísticos oficiales. El hecho es que también había expuesto en la misma ocasión que Suzanne. Parece ser que el trabajo de Suzanne mereció una crítica laudatoria por parte de uno de los críticos de arte que había ido a ver la exposición y envió una carta dirigida a la pintora que el otro Valadon recibió por error.

Jules Valadon, extremadamente molesto y herido en su amor propio, pues el crítico ni siquiera se había fijado en su obra, le hizo llegar la carta a ella y la acompañó de unas líneas en las que exigía a Suzanne que evitara futuras confusiones y le aclaraba, con tono soberbio, que él, por su parte y para dejar clara su identidad, firmaría sus cuadros como: «Jules Valadon, Caballero de la Legión de Honor». Suzanne fue rápida e incisiva. Inmediatamente contestó a la carta con otra en la que le decía, expeditiva: «Usted, para distinguirnos, también podría firmar como "Mierda"».

Ella irrumpe con esa fuerza y con el ímpetu que la caracterizará siempre, con el orgullo y la mala leche que debió de caracterizarla para irse abriendo camino, salvando las dificultades y consiguiendo ser alguien en ese mundo en el que todo el mundo quería serlo.

Si bien es cierto que esa primera exposición no tuvo demasiada repercusión en el mundo del arte en beneficio de Suzanne más allá del comentario halagador del crítico, poco después empiezan a gestionar sus obras Lebrac de Bouteville y Ambroise Vallard, quienes serán figuras fundamentales en la vanguardia francesa. Una vez que ha conseguido poner un pie dentro, fuera como fuese el modo como había entrado, la importancia de esa admisión es grande y todo un hito que ha de servir de acicate para las que vendrán. Sólo cuando haya pintoras en las salas y en los despachos de la Academia podrán valorar el trabajo femenino y escoger a otras mujeres, sólo entonces éstas tendrán mayores oportunidades e irán ganando terreno. Poco a poco, ella se está labrando un nombre en una sociedad nueva en que lo femenino gozará de mayores privilegios. Sin prisa, es cierto, pero también sin pausa.

Capítulo 12
La vida aburrida

–¿Te quieres casar conmigo, Suzanne?

–No.

Así continúa su relación con Paul Mousis, un rico empresario y banquero con el que hace ya tiempo que se ve. En ese momento, pese a rechazar la petición de matrimonio, acepta vivir con el burgués en su domicilio acomodado.

Corre el año de 1896 cuando se inician los trece que va a durar su vida cómoda, una vida que empieza con ese «no» respondido al hombre que se turnaba en 1893 con Erik Satie, cuando el músico era también su pareja.

A Mousis lo retrata a lápiz un par de veces. El rostro definido, el resto del cuerpo intuido. En una de esas imágenes, está sentado en una cómoda butaca, leyendo. Otra lámina lo muestra con su perro. Paul Mousis es un tipo de mediana edad y figura contundente. Luce un bigote prominente. Su pose es la de alguien tranquilo, conservador y poco revolucionario. Lo retrata con un traje elegante, con una pose elegante, con unos zapatos que intuimos muy elegantes y sin pizca de erotismo. Será muy clara la diferencia cuando, años después, retrate traspasada por el deseo a otro, al que mostrará desnudo, fuerte y vital.

Lo cierto es que la relación con Paul le regala estabilidad económica. El nombre de Suzanne Valadon empieza a ser conocido y reconocido porque el haber podido entrar en la Sociedad Nacional de pintura le ha otorgado el prestigio necesario como para que su arte empiece a ser valorado. Además, el adinerado Mousis se le presenta como la posibilidad de mejorar su estatus y de seguir pintando en un estudio de Montmartre que él mismo le costea. ¿Qué más puede pedir?

Hubo unos primeros momentos de desencuentro porque Suzanne era de Satie y de Mousis, luego sólo de uno, después de los dos, más tarde del músico y, finalmente, del banquero. Mousis, al principio, quiere alejar a Suzanne de Montmartre, aunque ella le dice que no se concentra en un ambiente tan rural, que necesita la vorágine de las calles amadas y, finalmente, consigue que le costee un estudio al que va con asiduidad a pintar.

Pese a que accede a vivir con el rico hombre de negocios y también a trasladarse a un pequeño castillo que Paul ha comprado en Montmagny, nunca se casó con él. Es John Storm de nuevo quien nos saca de dudas ante la afirmación repetida de que éste es su primer marido. Su valiosísima biografía de Suzanne deja claro que, en su búsqueda por los archivos, no dio con ninguna otra acta de matrimonio que la que firmó la pintora en 1914 con otro hombre. Ella no se casa con Mousis –pese a lo que afirman la mayoría de textos que hablan sobre ella–; simplemente accede a compartir parte de su tiempo a cambio de estabilidad económica. Así de sencillo, y de sincero.

Ese trato es muy del gusto de la artista, quien vive ahora cómodamente, con imprevisto desahogo. El único problema –grave problema– que se le presenta es que el adolescente Maurice está alcoholizado. Ha compartido muchas veladas con su abuela y con su madre en bares y tabernas, y la bebida ha hecho de él un adolescente irascible y violento. Por lo visto, Madeleine le daba pan mojado en vino para curarle unos temblores que padeció de niño, muy probablemente causados por la dependencia al alcohol al que su madre había acostumbrado al feto en los nueve meses de gestación. La abuela, además, le proporcionaba al pequeño pequeñas dosis para calmarlo, pero el alcohol había conquistado ya de forma irremediable el cuerpo de Maurice. Es éste un motivo de grave preocupación para Suzanne. Se da cuenta de que su hijo es vulnerable y no sabe bien cómo ayudarlo. Lo fácil es mirar para otro lado y dejar que su madre actúe, ya que abuela y nieto siempre han tenido una buena relación, desde luego mucho mejor que la que tuvo nunca Suzanne con Madeleine.

Procura olvidar el problema del hijo mientras pinta, dibuja y se exige calidad. Es muy estricta consigo misma y corrige, descarta, vuelve a empezar. Antes de volver a exponer, se obliga a pintar muy bien. Quiere que su obra sea novedosa y lo suficientemente trascendente como para dejar huella. Practica el lápiz y Degas le sigue dando pistas para profundizar en el mundo del grabado. Intenta concentrarse en la pintura y también sigue bebiendo para mantener el genio en ese punto de inspiración constante que otorga la embriaguez controlada.

Sin embargo, la sombra de la enfermedad y de la adicción de Maurice se alarga. El hijo cada vez se encuentra peor y Suzanne debe actuar. Lo detienen día sí y noche también por los escándalos que protagoniza en las callejas del barrio. Deja de lado entonces su labor pictórica para tomar una decisión, asustada por los ataques violentos de Maurice y su desesperada dependencia del alcohol. Tiene claro ya que su hijo no goza de su fuerza ante la vida, para encararla y para dominar el instinto. Debe actuar.

Finalmente, decide ingresarlo en 1904 en el hospital de Saint Anne, cuando Maurice tiene veintiún años. Con una historia que se remontaba a siglos atrás, el lugar había sido granja y, desde 1867, hospital psiquiátrico pionero en el uso del trabajo manual como tratamiento, la llamada «terapia ocupacional». Llegó a albergar a seiscientos alienados, que eran distribuidos en habitaciones de doce personas. La primera estancia de Maurice allí es de seis duros meses y, luego, las temporadas de reposo se irán combinando con los períodos de reclusión en función de la gravedad de sus ataques de ira y violencia.

Suzanne está deshecha. El joven flaquea ante la vida, sin lograr encararla con la fortaleza que a ella la ha caracterizado siempre. Y por eso le da vueltas a la manera de sacarlo del pozo en el que lo ve inmerso. Le vienen a la cabeza las tristes historias de otros. El fantasma de Van Gogh regresa. El loco suicida, el loco genial. ¡El loco pintor! El día que aparece en su mente la figura del pintor holandés, la tarde es clara, la luz entra por el ventanal del estudio y el olor a pintura la reconforta. La figura de Van Gogh, genio del pincel, le sugiere la idea de que quizá Maurice pueda dedicarse también a reflejar lo que ve o, mejor, lo que siente. Además, recuerda momentos sórdidos de su vida y cómo la pintura siempre la salvó. El trazo a carbón, el pastel, la mezcla de colores hasta dar con el deseado tras combinar los tubos de pintura al óleo que se han popularizado por la tendencia difundida de pintar *à plein aire*, la manera como se va materializando a golpe de pincel lo que quiere expresar… Lo ve claro. La pintura que la ha salvado, que le ha ido dando sentido a su vida, tiene que ser también el resorte para el hijo. Se da cuenta de que pintar puede ayudar a eliminar, si no todos, la mayoría de los demonios que pueblan la cabeza de Maurice. La pintura, también, puede adormecer a los pocos que queden o, por lo menos, apaciguarlos.

Deja a medias el lienzo inútil –esta vez la inspiración no llega– en el que está trabajando en su estudio de pintora bohemia pagado con dinero burgués. Ni siquiera limpia los pinceles con trementina, cosa a la que siempre se obliga como un ritual necesario para mantener impecable el material. Los abandona envueltos en su pasta viscosa de óleo medio seco. Sale corriendo hacia el hospital con una idea brillante: ¡Maurice debe pintar!

Al doctor Ettlinger, ocupado de la cura de su hijo, le parece estupendo. Puede que expresar inquietudes ayude a Maurice en la tarea de soltar lastre, de dejar ir traumas y obsesiones. El doctor recuerda entonces que ha leído estudios sobre pinturas realizadas desde la locura que ayudan a salir del pozo. ¿Cómo no se le había ocurrido antes? Así que entre el médico y la madre lo convencen y en 1905, un año después del ingreso, Maurice empieza a pintar como terapia.

La sorpresa es que se le da bien; es más, muy bien. Sus pinturas demuestran que es un genio del pincel. ¡Lo lleva en la sangre! La diferencia de las obras de Maurice respecto a otras obras producto de la locura es que las suyas no son abstractas ni oscuras, sino todo lo contrario. Maurice empieza a pintar paisajes de Montmartre, luminosos lugares arbolados, paredes blanquísimas para las que llega a utilizar puro yeso en una originalidad imprevista, casi una involuntaria vanguardia. Maurice tiene entonces veintidós años. Empieza su carrera artística sin reflejar los infiernos a los que se enfrenta y sus cuadros son serenas escenas del barrio de Montmartre pintadas por un hombre que vive siempre dentro de la tormenta.

Cuando observo la pintura de madre e hijo, me resulta curioso que él sea un pintor de exteriores, de naturaleza viva, mientras que ella lo es de interiores, de almas o de naturaleza muerta. Las pinturas de Suzanne se podrían clasificar en figuras –retratos y desnudos–, gatos y bodegones. En cambio, Maurice dibuja la libertad del aire libre. Destaca, sobre todo, su etapa blanca de callejas con árboles. Él pinta contra la claustrofobia; ella, contra la agorafobia.

A inicios del siglo XX, a Suzanne se le van pasando los días, los meses y los años entre las visitas al psiquiátrico, las mañanas de trabajo en el estudio y las veladas serenas en la casa burguesa. Debería entonces ser feliz. Parece que el hijo se va encauzando. Por su parte, ella ha conseguido una vida tranquila, disfruta de un hogar acomodado y, además, tiene el permiso –y la manutención– de su adinerada pareja para seguir pintando. Ha conseguido, también, canalizar los delirios del hijo, que deja fluir la locura transitoria en cada trazo. Debería ser feliz, pero no lo es.

¿Qué ocurre? Puede que perciba que Mousis es reacio a tratar a Maurice. Al tranquilo empresario le interesa sólo ella, no el hijo que tuvo con otro hombre. Ella tiene ya treinta y nueve años; no es ninguna jovencita, y eso lo asume, pero la carga del borracho y loco a ratos le apetece poco. De modo que, cada vez más, Maurice es motivo de discusión y disgusto en la pareja. Se distancian, si es que alguna vez estuvieron cerca.

Suzanne va a visitar a Maurice a diario cuando está ingresado, pero siempre va sola. La soledad es la marca de esta mujer que estuvo con muchísima gente, pero que, si llegó a congeniar con alguien, lo hizo con muy pocos.

Observa al hijo en el sanatorio: Maurice en el jardín del centro hospitalario, Maurice encerrado tras barrotes, Maurice pintando…; pintando paisajes, pintando una y otra vez los mismos paisajes blancos que contrastan con los fondos oscuros; pintando su extravío y su locura en la repetición de un paisaje aparentemente pintoresco e inocente, en absoluto reflejo de su delirio, que, sin embargo, es el que dirige su mano.

Maurice recibe tratamiento. Sin embargo, cuando parece que se desintoxica, vuelve a ser siempre víctima del alcohol. En los cortos permisos de alta médica, los niños se ríen de él cuando pasea por la calle. Nadie da demasiado por la vida del que llaman «despojo», «litrillo» –en ácido juego de palabras entre una medida de alcohol y su apellido–, ese fantasma que pulula por Montmartre sin ánimo alguno. Pinta y bebe, pero bebe más que pinta, y eso que pinta mucho. Es como si viviera pensando que ése es el último momento, que no habrá más tiempo después del último vaso de vino, a veces de absenta, y de la última pincelada.

Entretanto, su madre va cumpliendo años y también sigue pintando, pero todavía no se ha lanzado a hacerlo con el corazón. El año que cumple cuarenta y cuatro, en 1909, llega para ella la náusea. Echa rabiosamente de menos la vida bohemia, la alegría de los jóvenes y la improvisación en la lucha por la supervivencia. La vida triste del hijo, además, la sigue torturando. Se siente responsable de no haber sido clara con él por lo que respecta a su paternidad, de haberlo dejado a temporadas largas a cargo de la abuela, responsable de haber bebido sin control durante toda su vida –incluyendo el embarazo–, de haber amado y amado y amado a tantos hombres como ha amado, incluso cuando él estaba encerrado y torturado por mil demonios.

Suzanne está en plena crisis existencial. Se siente cansada y nota cómo empieza a envejecer, aunque su cuerpo agradecido siga estando en forma y luzca una figura todavía atractiva. Hace una valoración de lo que lleva consigo y siempre gana la tristeza. Además, expone con cierto reparo las obras en las que trabaja. Todavía no le parecen demasiado buenas como para entrar por la puerta grande.

Por las tardes, cuando Paul regresa de sus ocupaciones en las lucrativas empresas a las que se dedica, el tiempo pasa rígido en el salón. Cada uno está sentado en una gran butaca, en una de las alas del pequeño castillo. Ella ha estado entretenida durante un largo rato en las flores del jardín. Ha cortado las ramas secas, ha removido la tierra con los dedos, ha regado... Él lee en el diario las últimas noticias financieras o puede que –poniéndonos perversos– esté inmerso en la historia de Madame Bovary, mientras ella mira al vacío. ¿Es esto lo que quiere? Suenan los segundos de un gran reloj de pared. La criada pregunta qué desean para cenar. El tiempo se eterniza y Suzanne imagina al hijo atormentado en una celda oscura, donde están tratando sus episodios violentos y sus incursiones en la depresión. Se lo ha explicado el médico. Los tratamientos de choque son por su bien.

Cuando la angustia la ahoga al imaginar el grito del loco, rompe el silencio:

–Mañana iré temprano al estudio.

–De acuerdo, querida.

Él ni siquiera la ha mirado. Ella valora la posibilidad de reencontrarse con algún amante del pasado, quizá de seducir a un desconocido, alguien que le arranque la apatía que siente, el desánimo, la falta de erotismo que la domina, pero tampoco se atreve. Sabe que irá al estudio y se quedará anclada en el lienzo que la ocupa. A veces, ni siquiera puede pintar y se pasa horas mirando por la ventana.

Vuelve a romper el silencio y le pregunta:

–¿Querrás venir conmigo?

–¡Oh, no, no! Son cosas tuyas. No querría que perdieras la concentración, querida.

Suzanne lo mira con desprecio. «¡Idiota!», debe pensar; acaso lo susurra. Contempla con asco todo el lujo de la estancia, los cortinajes, los muebles con los que ni siquiera se había permitido soñar en su infancia de niña pobre, tan pobre. La tristeza la tiene cogida por el cuello con un collar de perlas y la está asfixiando. Se levanta, resolutiva, y dice algo así como que se va a tomar el aire.

Sale al jardín, huele las flores, la reconforta la brisa que hace balancear las plantas de tallos altos y flexibles. Se sumerge en la luz del campo y piensa que mañana, mañana encontrará una respuesta. Mañana, seguro, sabrá cómo salir del pozo en el que ha ido cayendo. Se acuesta procurando no pensar, sobre todo, no pensar en Maurice, que quizás esté llorando abrazado a una almohada, tirado en el frío suelo de una celda. Cierra los ojos y desea con todas sus fuerzas que llegue ya el día siguiente.

Y llega. Las cosas parecen algo diferentes a la luz del sol. Apenas son las diez cuando coge un chal, uno de los lujosos sombreros que le ha regalado el banquero y vuelve a las calles amadas... Vuelve a Montmartre, pero a pasear, no a encerrarse en el estudio.

El barrio sigue siendo un hervidero. La basílica del Sacré-Coeur –blanca, clarísima, luminosa bajo el sol matutino– está a punto de ser completada. El lugar se llena de curiosos que quieren ver los avances de la obra. Las casas se arraciman, se unen como las partes de un todo, miembros de un cuerpo que tiene un solo corazón. Hay árboles, todo es verde. Unos pocos años después, nos dejará uno de sus magníficos cuadros de exterior inmortalizando el lugar en el que sigue habiendo pintores por las calles, en las tabernas, en los innumerables talleres de arte que se agolpan desde hace décadas. Han llegado en los últimos años nuevos nombres como Pablo Picasso, Vicente Huidobro y Diego Rivera.

La luz es clara. El olor de las lilas en los pequeños jardines del barrio la reconforta. Huele la alegría de los niños que juegan. Se recuerda en el inicio y decide que va a dar un cambio a su vida. No sabe cómo, no ha decidido bien cuál es la decisión que debe tomar, pero sí sabe que debe tomar una.

Regresa a casa, donde la calma hogareña no la reconforta. Se vuelve a sentir en una prisión, engullida ahora por una repentina e imprevista claustrofobia. En pocos días, Maurice saldrá con un alta temporal. Ella le ha prometido que lo llevará a su estudio de la calle Cortot para que pinte, para que le enseñe qué es lo que está haciendo ahora. En pocos días, se encontrarán. Sabe que allí, como siempre, encontrará la respuesta envuelta por el olor del óleo y la trementina, por los vapores del agua y los trapos húmeros, alentada por el calor de los habitantes del lugar que siempre acogen a un alma que tiene frío.

Capítulo 13
El delirio

Mientras su madre se marchita en la asfixiante vida apacible de castillo enorme y jardín repleto de flores, Maurice Utrillo es arrastrado por la bebida al más oscuro de los agujeros. Utrillo es el genio, la embriaguez, el oportunismo, el resentimiento y la resistencia. Utrillo es también la viva imagen de la tristeza. Su madre lo retrató de perfil, con las cejas fruncidas y la mirada triste. Lo retrató otras muchas veces al óleo, destacando sus enormes ojos negros y tristes. Lo retrató con pinceles, tras un lienzo, solo, con su abuela...

Nadie apuesta nada por la vida del joven, víctima del alcoholismo, que se ha convertido en un tipo solitario. Cuando no está ingresado, vaga por Montmartre y se sienta a ratos en alguna calleja para pintar una vista que le parece adecuada para sus juegos repetidos de perspectiva y punto de fuga. En cuanto lo acabe, lo cambiará por un vaso de vino.

Cuando termina, acude a la taberna. Allí lo peor, sin duda, es la absenta. Se produce en tales cantidades que es más asequible que el vino, de modo que se convierte en la bebida más fácil de obtener, y en la más peligrosa. Llega a convertirse, junto con la tuberculosis, en uno de los más graves problemas de la Francia de la época.

Beber absenta es un ritual que requiere una serie de utensilios: una copa, una cuchara agujereada, azúcar y agua templada. Con la cuchara sobre la copa, se pone el terrón y se deja caer agua por encima, de modo que el azúcar va cayendo en el líquido verde hasta convertirlo en una mezcla opaca de color verde blanquecino o blanco verdoso.

Maurice mira con los ojos entornados todo el proceso del ritual y bebe el líquido denso hasta llegar al coma etílico. Se cuenta que, en una ocasión, a falta de alcohol destilado, llegó a beberse una botella de colonia. Debía de tener el hígado destrozado. Suzanne sufre mucho al ver a su hijo al límite de la vida, pero, contra todo pronóstico, va a durar más tiempo que muchos de sus coetáneos. De hecho, llegaría a cumplir los 72, exactamente igual que Suzanne. Sospechosamente igual. ¿Acaso coqueteó con la muerte y con la decisión de acabarse en el mismo momento de la vida en que se había acabado su madre?

Autodidacta a ratos y discípulo de su madre la mayor parte del tiempo, Maurice empieza pronto a destacar en el paisaje artístico de París. Su paleta blanca regala al cuadro una belleza nostálgica que seduce a los turistas. Se convierte en uno de los más célebres pintores de Montmartre y sus cuadros son comprados por los visitantes, sobre todo por los norteamericanos. Descubierta Francia y, sobre todo, Montmartre por parte de los soldados estadounidenses que habían llegado en la Gran Guerra, todos quieren llevarse un recuerdo en color en ese tiempo en que las postales eran en blanco y negro. En ese sentido, los lienzos cromáticos de Maurice son perfectos y se venden con gran facilidad entre los extranjeros que pasean por el barrio. Con maestría, combate el negro de las horas de su locura con el blanco de sus lienzos, sobre todo en la primera etapa, la que lo hizo más célebre y que se llama precisamente así: «Etapa blanca».

Que vendiera mucho tuvo ventajas e inconvenientes. Por un lado, su reconocimiento fue rápido y ganó mucho dinero. Por otro lado, tuvo dos presiones. Una es que su trazo, firme, pero sencillo, era fácil de imitar, así que fue víctima del plagio repetido. Otra es que se vio obligado a pintar muchos lienzos aun sin ganas con el objetivo de ganar más y más dinero, para costear su ansia de beber. Resultó ser una peligrosa fórmula: cuanto más vendía, más podía beber.

En una de las pocas cartas que se han conservado manuscrita por Suzanne, fechada en 1915 y dirigida a un comprador de un cuadro de Maurice, le dice que se apresure o, de lo contrario, su hijo podría vender uno de los cuadros en los que está interesado el cliente para pagarse la bebida. Lo dice sin tapujos: «Si vous la voulez (une toile que je vous ai destinée), venez vite la chercher car je serais tentée de la garder (elle est superbe) ou Utrillo de me la prendre pour pouvoir se griser».

A la vista de esto, parece que Suzanne gestionaba la obra del hijo a escondidas de Maurice. En esto último radica uno de los puntos negros de su relación con Suzanne. Se dice que ella, junto con su marido –que está a punto de entrar en escena–, lo encerraban para que acabara cuadros que tenía encargados. Dicen que se volcaron en la fama de Maurice y quisieron explotarla. Sin embargo, por otro lado, la pintura calmaba el agresivo temperamento de Maurice y actuaba como un sedante que le permitía olvidar a ratos la dependencia del alcohol. Aunque nunca sabremos cuál era el auténtico propósito de Suzanne cuando lo instaba a trabajar, prefiero pensar que se trataba de amor de madre que ve al hijo sereno cuando está en el estudio, lejos de la taberna, y no mero interés económico el que la movía a incitarlo a pintar. Suzanne quería apartarlo de las casas de reposo, los psiquiátricos y las comisarías que se habían convertido en escenarios habituales para su hijo.

Realmente, la pintura de Maurice no es la de un demente, en el sentido de que refleje pesadillas o delirios surrealistas. No hay laberínticos recorridos ni cuadros de oscuridad incómoda. No hay máscaras ni monstruos. Se trata más bien de una pintura maquinal, es decir, algo así como una obra hecha en serie, como si fuera el producto de un autómata o de un obrero en una cadena de montaje. Una y otra vez dibuja y pinta los mismos escenarios, con los mismos tipos estilizados, apenas bocetados, con una técnica que parece más memorizada que inspirada. En YouTube hay varias presentaciones. Busquemos un enlace en el que aparezcan muchos de sus cuadros, cientos (en la webgrafía doy alguna pista). Si los observamos con atención, veremos que repite los paisajes en primavera, en verano, en otoño y en invierno. Es como si hiciera constantemente reportajes del barrio. Una y otra vez, una y otra vez. Quizás ahí radique su excentricidad, aunque hay una explicación mucho más pragmática, y es esa de que necesitaba dinero para beber, de modo que pinta presionado por los ataques de adicción a que lo lleva la abstinencia. Un cuadro a cambio de un vaso de vino. Pinta a destajo, para beber y no tanto por amor al arte. No le interesa la reflexión en el lienzo, sólo lo que le dan por él.

Investigando e intentando comprender la obra de Maurice Utrillo, me encuentro con un lienzo de Miquel Utrillo, firmado en el año 1895. Maurice Utrillo tiene doce años cuando el hombre que le ha regalado el apellido pinta esa obra en que aparece una iglesia en un paisaje nevado. Todavía ni se le pasa por la cabeza al niño dedicarse a pintar. Me sorprende el parecido que tiene con la mejor etapa de Maurice: esa forma de encajar los blancos, el predominio de una veladura que le da un aire ceniciento al paisaje, el exterior escogido. Cuando lo encontré, en un primer momento, pensé que era de Maurice, pero lo firmaba Miquel. No sé si representa una casualidad, quizá genética, o una influencia directa de la paleta de colores y la veladura delicada del acabado.

La coincidencia en el nombre es también un hecho destacable. Suzanne había explicado que llamó a su hijo Maurice porque ningún hombre con el que se hubiera acostado en el tiempo de la fecundación y pudiera reclamar la paternidad se llamaba así. Sin embargo, el hombre que sí le cedió el apellido tiene un nombre que, casualmente, empieza por la misma letra. De este modo, M. Utrillo podía ser uno u otro.

En este sentido, observo la firma de los dos pintores. Miquel firma «M. Utrillo», y Maurice, «Maurice Utrillo V.». Creo que Maurice era muy consciente de que podían confundir sus obras con las pocas que firmó quien, fuera su padre o no, le cedió su apellido, de modo que inventó una firma que lo distinguiera. La V es Valadon, y que escriba V y no Valadon también es significativo. Se vincula a su madre, pero no abiertamente. La madre es la sombra, el punto de partida, el lugar del que salió, del que no puede escapar y al que no siempre le apetece regresar.

Retrato de Suzanne Valadon pintado
por Miquel Utrillo en 1891.
Esta obra se encuentra en la actualidad
en la planta baja
del Museu Cau Ferrat de Sitges.

Retrato de la pintora
por Toulouse-Lautrec, 1885.
Óleto sobre tela, Ny Carslberg.
Gluptotek, Copenhagen.

Fotografía donde podemos ver a Suzanne con el mismo sombrero que en el retrato anterior. De autor desconocido, se tomó en 1885 y se conserva en la Bibliothèque Marguerite Durand de París.

«Mon Utrillo». Retrato a lápiz de su hijo a los nueve años, dibujado por Valadon en 1892. © ARTGEN / Alamy Stock Photo.

Adán y Eva, óleo sobre lienzo pintado en 1909. Los modelos eran la propia pintora y André Utter, su amante, veintiún años más joven que ella. Fue un cuadro polémico, ya que obligaron a Valadon a cubrir el sexo del hombre para que pudiera ser expuesto. Centro de Arte Moderno Georges Pompidou, París.

Retrato de familia, óleo sobre lienzo de 1912. Centro de Arte Moderno Georges Pompidou, París.

Paisaje desde mi ventana en Genet (Bretaña). Óleo sobre lienzo, 1922. Colección privada.

Autorretrato de 1898. Óleo sobre lienzo. Museum Fine Arts, Houston, Texas (EE UU). © ARTGEN / Alamy Foto de stock.

Autorretrato de 1918. Óleo sobre lienzo.
Colección privada.

Suzanne Valadon en su lecho de muerte. Dibujo de George Kars de 1938. Sería la última y dramática pose de la pintora como modelo. Centro de Arte Moderno Georges Pompidou, París.

Niña en el baño.
Óleo sobre lienzo, 1910.

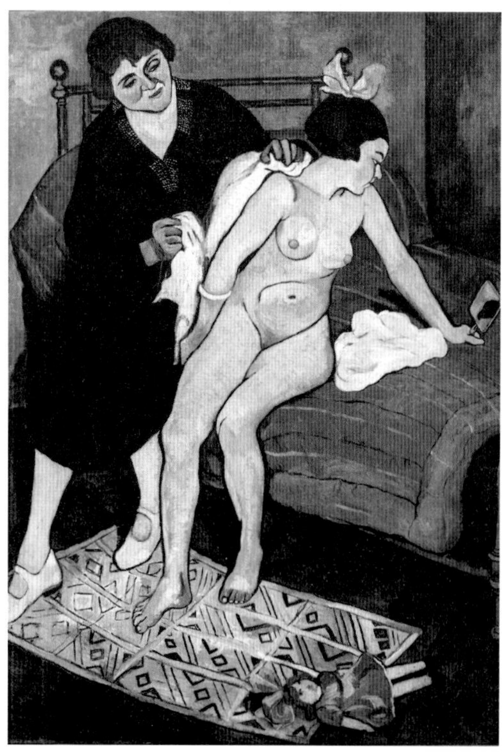

La muñeca abandonada. Óleo sobre lienzo de 1921. National Museum of Women, Washington. © IanDagnall Computing / Alamy Foto de stock.

Alegría de vivir, 1911. Óleo sobre lienzo. Legado por la señorita Adelaide Milton de Groot en 1967 al Museo Metropolitano de Nueva York (MET).

La habitación azul, 1923. Una de las pinturas más representativas de Suzanne Valadon, en la que la nos presenta su personal idea de mujer, su ideario y concepción de lo femenino. Óleo sobre lienzo. Centro de Arte Moderno Georges Pompidou, París.

Suzanne Valadon pintando en su estudio. Retrato de Marie Coca, 1927.

Retrato de Miguel Utrillo en los jardines del Moulin de la Galette, por Santiago Rusiñol. Óleo sobre lienzo, pintado en París en 1890-1891. Museu Nacional d'Art de Catalunya, Barcelona.

Capítulo 14

André o la vida

Y llega la tormenta devastadora, el revulsivo de la vida aburrida de burguesa apaciguada que lleva Suzanne Valadon en 1909. Se llama André y es algo más joven que su hijo. André, rubio, de espalda ancha y ojos profundos, es el deseo en estado puro y Suzanne se tira de cabeza.

Días después de que le preguntara a Mousis si quería acompañarla al estudio y él se negara; días después de haber paseado por las calles de Montmartre con su mejor sombrero, tras haber olido las lilas y haber contemplado el Sacré-Coeur a punto de ser culminado, se encuentra en el taller con Maurice.

Suzanne está feliz, porque ve a Maurice mejor de lo que esperaba. Él habla con entusiasmo de nuevos proyectos pictóricos, de estimulantes gentes nuevas que ha conocido él, el misántropo. Suzanne ríe. ¿Que si quiere conocer a sus amigos? ¡Por supuesto! Días después, se encuentran todos en el estudio de la calle Cortot: Suzanne, Maurice, Amedeo Modigliani y... André Utter, un electricista en la subestación de la avenida Trudaine que aspira a ser pintor. Maurice se lo presenta con orgullo:

–Madre, te presento a mi amigo André Utter. André, te presento a mi madre, la pintora Suzanne Valadon.

André Utter ya había visto a Suzanne unos días antes. Estaba pintando en la calle junto a su joven amigo Edmond Heuzé, quien más adelante volverá a aparecer en esta historia. Pasó Suzanne junto a ellos, y André se quedó prendado. Ella ni se había fijado en él, pero él en ella sí. Había dejado la tarea, el amigo se había reído. Edmond le había advertido, repitiendo rumores del barrio, de que ella era la loba, mujer extraña que devoraba a los hombres, que tuviera cuidado. Años después, André Utter reconocería que, desde el momento en que la vio, Suzanne se convirtió para él en una obsesión, tal era el halo de seducción y atractivo que le inspiró, mucho más acicateado todavía por el riesgo y el peligro que pregonaba el amigo.

Y es que la fama la precedía. En la primera década del siglo, Suzanne estaba dedicada a sus desnudos entrando en la bañera. Si tenemos en cuenta *La habitación azul* (1901) de Pablo Picasso, queda claro que esta pintura la influyó. Sin embargo, hay algo que diferencia el cuadro de Picasso de los de Suzanne en los que las mujeres están en el baño, y es que ella se centra en las figuras, olvidando el resto. No le importa lo que hay alrededor. En sus obras, Suzanne pone el foco iluminando lo que quiere: ver cómo sus mujeres se lavan sin preocuparles en absoluto que alguien las esté mirando. Es una búsqueda de la intimidad sincera, y eso da que hablar.

Efectivamente, tiene varios estudios en los que analiza la figura de la joven entrando en el baño, a veces sola y otras supervisada por una anciana. Son obras en las que la figura está trazada con un perfil ágil, marcado en negro. Generalmente, el color que envuelve a la chica es el marrón y los muy escasos objetos que la rodean son azules.

Es un tema recurrente en sus trabajos de ese momento. Se han encontrado varios dibujos de las mismas escenas, de modo que debió de dedicarse al estudio de la figura en movimiento. Hay un claro análisis del dinamismo del cuerpo y también se percibe un análisis de la intimidad femenina. Apenas nada más que el desnudo es necesario para otorgarle fuerza al momento en que sus mujeres entran o salen de la bañera, se secan o se preparan para vestirse. Son mujeres en estado puro.

En un boceto a lápiz y sanguina, por ejemplo, muestra a una madre y a una hija compartiendo el íntimo momento del baño. Los trazos son firmes y siempre la bañera de fondo da una pista de esa escena de la cotidianeidad privada. Llama la atención la imagen repetida de una anciana observando a la joven y la joven entrando en el baño en una posición poco estética, justo en el momento en que sus piernas están más separadas para poder entrar en la bañera. No hay decoro, sino fotografía instantánea.

Gracias, entre otros, a estos dibujos empieza a ser reconocida por sus trazos seguros y sus lienzos provocadores. Recordemos que a la mujer le estaba vedada la copia de modelos desnudos, pero ella se atreve no sólo a mostrar el cuerpo femenino como objeto, sino como sujeto de estudio. Empieza también a trabajar el óleo. De 1908, por ejemplo, data uno de sus lienzos, *Mujer con contrabajo*, en los que la modelo aparece con un atributo que la vincula al mundo del arte. Su nombre empieza a ser habitual en los círculos artísticos, y André Utter, como todo el mundo en Montmartre, la conoce. Suzanne es la que pinta desnudos, la que tiene mil amantes, la que bebe sin tregua.

André sabe que es una pintora con carácter y tiene el recuerdo de aquella visión fugaz. Habían transcurrido semanas desde aquel momento en que ella ni siquiera lo vio, pero hoy, esta tarde luminosa en el estudio, Suzanne sí que se fija en él.

La pintora observa con detenimiento, incluso con descaro, el cuerpo atlético y fornido del joven aspirante a pintor. Se pierde en sus formas y piensa que sería un buen modelo, que tiene un culo firme y bien puesto. Imagina nuevos protagonistas masculinos desnudos en sus lienzos, en los que, hasta ese momento, el único varón que ha aparecido es el niño y el adolescente Maurice.

Suzanne se ha atrevido a tocarlo con descaro ante el pasmo del hijo, que no sabe qué cara poner. Recorre con su mano abierta la espalda, lentamente; luego desciende y llega hasta el trasero. André se deja hacer mientras sonríe con malicia. Ella lanza la pregunta:

–¿Quieres posar para mí?

Suzanne se sabe con poder. Sabe que tiene prestigio. Se siente admirada por el joven y eso la halaga sobremanera. Ella había posado en su juventud ante hombres mucho mayores de lo que es ahora ella, así que ¿por qué no proponérselo a ese joven? Cambiaría los roles: ella, la mujer, miraría al cuerpo desnudo de él, el hombre. Lo pintaría, pero indagando también en su alma, para llegar hasta lo más profundo. Ella no le disimularía el rostro, como habían hecho tantos con ella. André no era sólo un cuerpo. André era el cuerpo. André era el deseo.

Ni siquiera piensa en que ese coqueteo pueda molestar a su hijo. Siempre ha vivido con absoluta libertad, de modo que cita a Utter el día siguiente en su estudio, ese estudio que Mousis no pisa. Coloca al joven, desnudo, sin ropa interior, porque no están en una academia. Lo quiere totalmente entregado, como ella se entregó en el pasado. Su estudio, sus normas.

El cuerpo de André es joven, musculoso. Lo erotiza que ella lo mire, y tiene una erección. Se ríen. Ella le alarga un vaso con algo de alcohol del que bebe un sorbo mientras mira al modelo fijamente a los ojos. Se acerca a él, le ofrece el licor. Él toma el vaso mientras ella lo besa vertiendo en su boca, inesperadamente, el sorbo que ella en realidad no ha tragado. Suzanne se aleja con una sonrisa pícara y empieza a observarlo. Él saborea el líquido ardiente, mientras sigue sonriendo y mirándola fijamente, absolutamente hipnotizado por esa atrevida mujer.

Ella le ordena que deje el vaso a un lado, que se quede quieto, que no se mueva. Empieza a esbozar. El rasgar del carboncillo en el papel rompe el silencio del estudio. Sus cuarenta y cuatro años contra los veintitrés de él. Es más joven que su hijo. Ella sigue trazando formas firmes, como de costumbre. Apenas corrige, sólo boceta suave, difumina con los dedos y luego el trazo grueso del carbón manda por encima de todos los demás.

Le toma medidas desde la distancia, utilizando la barrita de carbón y el pulgar para reflejar las proporciones exactas, las sombras deliciosas. Mientras recorre el contorno del modelo que sonríe divertido, vuelve a su cabeza el «¿por qué no?» de siempre. Carne firme, miembro erecto, vida plena. ¿Por qué no?

Cuando, al acabar la sesión, ella se acerca a él y su lengua busca la otra lengua y la encuentra y se funden, los dos lo viven como si tuviera que ser así y estuviera escrito desde siempre. Suzanne se siente renacer y considera que lo merece. Se lanza. Después de oler ese cuerpo de hombre joven, sabe que ha encontrado un modelo y que ha perdido un castillo.

Capítulo 15

Una de los malditos

Desde que lo conoce en 1909, Suzanne desea tener a André junto a ella, frente a ella, encima de ella, debajo de ella. Y, desde que llega, es André, André, siempre André, el André del escándalo por la diferencia de edad que los separa y, sobre todo, por los desnudos que Suzanne le hace protagonizar tanto en bocetos a lápiz como en diversos lienzos.

André visto por delante, André visto por detrás, André visto de perfil. El bello y joven André siempre desnudo. No se le ocurre retratarlo en estos primeros momentos suyos sentado en un sillón leyendo, como había hecho con Paul Mousis al poco de conocerlo, porque André es el sexo, es la vida y es el puro deseo.

Ese año del inicio de su relación, empieza una nueva etapa pictórica para Suzanne. O quizá sea mejor decir que empieza su carrera como pintora. El arte le explota en las manos. El erotismo impregna sus lienzos y el punto de partida es, sin duda, uno de sus cuadros más conocidos: *Adán y Eva*, ese autorretrato con el amante que la muestra en comunión con él, en situación de iguales.

Este cuadro es importante por varias cosas. Una destacada es el hecho de que Suzanne se autorretrata desnuda. Es cierto que toma como excusa uno de los motivos clásicos del cuerpo sin ropas, como es el de representar la figura de la Eva bíblica, pero muestra vanidosamente su cuerpo tan joven y terso como el de su amante. Su cara es su cara, no hay duda de que es ella en un momento de plenitud. Otro punto fundamental es que represente también en un desnudo integral al varón. Hoy una guirnalda de hojas tapa el miembro de André, porque la obligó a hacerlo la Sociedad de Artistas como requisito para participar en la exposición, pero su voluntad había sido pintarlo libre de velos. Este cuadro de 1909 representa perfectamente el inicio de la explosión erótica y vital de la que disfrutará la artista a lo largo de los siguientes años.

Si consideramos que la pintura en Suzanne tiene el valor de la confesión, este cuadro es la primera anotación en su diario íntimo desde el inicio de su relación con André. Otra lectura se deriva: Suzanne regresa a Marie, al origen de la desobediencia, a las fugas del colegio de monjas, al atreverse en el trapecio, a la toma de la fruta prohibida, a la ruptura de las acomodadas relaciones aburridas y al volver a caminar por la cuerda floja.

La complicidad que transmite el cuadro entre los dos es máxima. Incluso, si observamos bien las dos figuras, podemos percibir una línea implícita que vincula sus manos. Las dos manos izquierdas están cogidas, cómplices, y las dos derechas se dirigen hacia la manzana apetitosa.

Esas líneas implícitas, fundamentales en el arte, evidencian un mensaje de vida compartida. En el caso del grupo escultural titulado *Laocoonte y sus hijos*, ese efecto de línea implícita lo cumple la serpiente monstruosa que los va a engullir y que los enlaza. En el lienzo de Suzanne, aunque podría haberla, no hay serpiente alguna, ya que es una escena de placer y disfrute que en absoluto implicará la pérdida del paraíso, sino la entrada en él a través del contacto con el amante joven que la vuelve a atar a la vida auténtica. Hace una relectura del mito. No hay pecado, sino deleite. Suzanne lo sabe, es consciente y está feliz. Ese cuadro que representa el paraíso que está a punto de ser todavía mejor tras tomar el fruto prohibido es el inicio de su cosmovisión. Ahí empieza todo. Es un punto de inflexión. Su pintura empieza a reflejar con fuerza su momento, su estado de ánimo y, en este sentido, es muy Frida Kahlo.

En esa segunda década del siglo XX, empiezan a proliferar los movimientos que se suceden con una rapidez vertiginosa. Había empezado el siglo con los fauvistas y siguieron los cubistas, que querían representar la realidad con figuras geométricas. Muy pronto, cuando llegue el período de entreguerras, Francia pasará a un cierto segundo plano, para contemplar cómo en Italia nace y se desarrolla el futurismo y en Alemania el expresionismo, que tendrá una fuerza e influencia brutales en el arte de los pintores franceses. Suzanne, en su línea autodidacta, toma un poco de cada uno de ellos sin comprometerse a fondo con ninguno. El lienzo del desnudo, *Adán y Eva*, tiene mucho del simbolismo de figura realista que había visto en las obras de Puvis de Chavannes. En los colores, en cambio, se deja llevar por un cierto aire fiero y la línea oscura que siluetea los cuerpos se debe al cloisonimo que le permite definir contornos. Lo realmente original de esta obra radica en el atrevimiento de la pintora de mostrarse desnuda junto con el hombre al que desea y por el que es deseada.

De esta etapa, podríamos decir de tinte erótico-sensual, destacan otras obras. En 1911, firma *Alegría de vivir*, en el que el joven André, erguido, rígido y desnudo, actúa como *voyeur* de cuatro figuras femeninas medio desnudas que son ella misma. Ahora es el amante quien la mira a ella, autorretratada. En un claro guiño al lienzo *El baño sagrado*, de Puvis de Chavannes, se inmortaliza siendo observada por quien quiere que la mire, de modo que lo reversiona.

Ese año 11, disfruta de su primera exposición individual en la galería de Clovis Sagot, quien también cuenta con ella el año siguiente para una exposición colectiva en Múnich. Su carrera despega. En 1912 firma dos cuadros que se complementan: *El porvenir revelado* y *Retrato de familia*.

Empecemos observando *El porvenir revelado*. Esta obra ha sido interpretada como una alegoría de la Fortuna, pero podemos ver también –como en todos sus lienzos– un reflejo autobiográfico. Es el año en que es consciente de empezar una nueva vida. La diosa reclinada, la mujer desnuda, la odalisca moderna y la adivina que le vaticina éxitos en el amor con el símbolo de la carta en la mano... Hay una narrativa en esta imagen proyectada hacia el futuro: se quiere serena y dueña de su destino. La combinación entre las figuras desnuda y vestida establece un juego de contrastes, así como el cabello rubio y el moreno, la tez blanca y la oscura. Ese yin y yang del cuadro es la plenitud de la artista, la satisfacción absoluta en la venus yacente. La línea implícita en este caso se da siguiendo en diagonal los brazos de las dos mujeres, unidos por la carta del símbolo. Al fin ha encontrado la inspiración como para darle toda la pasión que le explota en las venas y que su pintura, aun siendo muy personal, no conseguía transmitir del todo. Con André, va más allá de la escena, transmite una emoción y carga el cuadro de sensualidad y fuerza.

Son los años en que los postimpresionistas y los expresionistas toman fuerza. Egon Schiele está pintando sus autorretratos desnudos, sus rostros desencajados mirando a la cara del que le mira. Esa década del 10 es también el momento de Suzanne. Seguramente, el más espléndido. Está en plena efervescencia creativa y se siente todopoderosa hasta la egolatría narcisista. Es ella quien ha conseguido el reconocimiento oficial de los oficialmente rechazados, es ella la que decide dónde quiere quedarse y es ella quien escoge al hombre que desea. Eso parece indicar el lienzo del futuro revelado, porque se trata del futuro que ella ha decidido.

Sin embargo, nada es simple cuando se trata de Suzanne y los contrastes sobresalen siempre al observarla. 1912 es también el año del autorretrato con la familia. Madeleine, ya una anciana de ochenta y un años, vive con ellos. Tras abandonar a Mousis en su castillo, se habían ido a vivir los cuatro juntos –la pintora, la madre, el hijo y el amante– a un estudio de la calle Cortot, ese lugar en el que hoy se encuentra la sede del Museo de Montmartre. Los cuatro juntos: la arisca madre anciana, el hijo delirante, el amante joven y ella, mujer de cuarenta y ocho años. ¿Suzanne está feliz de tener a todas estas personas con ella? Lo reflexiona en un cuadro, en un autorretrato y retrato familiar a cuatro miradas. La suya va directa a la del espectador, los otros tres se pierden en la incomunicación. Que sólo mire ella le da mucha más fuerza al cuadro, ya que las otras miradas perdidas subrayan la suya, en plena búsqueda de complicidad con quien la mira.

Siguiendo en la clave de interpretación de las líneas implícitas, el cuadro representa una especie de V que recorre corazones y cabezas. André, erguido, decidido, hombre de acción; ella, mano en el corazón, mirada melancólica y cómplice; Maurice, abatido en un gesto de pensador, y, detrás, Madeleine, disgustada, cansada y muy vieja. El conjunto refleja algo así como una telaraña, y ella está en el centro, pero ¿Suzanne es la araña que teje o la presa que ha caído en la trampa? Nos quiere decir algo con toda sinceridad, con esa mirada seria y mano en el pecho. Esa mano es protagonista en este lienzo, en el que sólo aparecen las manos de ella y de su hijo. ¿Acaso nos dice que son ellos los únicos pintores? Es un cuadro de acción en el que sólo su mano está activa, mientras que las de Maurice son víctima de la más triste apatía y las de los otros dos ni siquiera existen. Se ha dicho que su mano recuerda la de la María Magdalena, en señal de contrición y arrepentimiento. Lo cierto es que la mirada de Suzanne me llena de inquietud. Es su visión de su familia, de sí misma. Traduce pesimismo, angustia, puede que conformidad. Ninguno de ellos sonríe; es más, todos parecen tener la comisura triste, la mirada apagada. No hay sensualidad alguna en este otro lienzo, que vuelve a ser una ruptura total. Quizás *El porvenir revelado* represente el anhelo y este autorretrato familiar muestre la cruda la realidad. Si observamos la dinámica que define la esencia del cuadro, esa V de Valadon que atraviesa a los personajes es diagonal. Eso, en la sintaxis del arte pictórico, significa tensión, inestabilidad e incluso caída en la tragedia. Las líneas que van de arriba abajo y ella en el centro de esa red de figuras significan que está atrapada. Puede que en apenas cuatro años las cosas hayan cambiado mucho. A la vista de este lienzo, el porvenir revelado adquiere nuevos y más profundos significados. Quizá sea un ruego, una esperanza; pero la incomunicación queda clara en este autorretrato familiar. Ninguno se mira, ni tampoco mira adonde miran los otros. Están solos. Cuatro islas a la deriva.

André está representado como un hombre de negocios. En esa época, es consciente de que su talento es escaso y ha dirigido sus esfuerzos hacia empresas más lucrativas. Fracasado como pintor, empieza entonces a ejercer como representante de la madre y el hijo, cada vez más exitosos. Eso empieza a distanciarlos.

Los cuadros de Suzanne se multiplican entre desnudos, gatos, flores y retratos. En ese momento de explosión pictórica suya, fue importante el año 1913. Es cuando Berthe Weill, la galerista mecenas de los bohemios de Montmartre, le ofrece protagonizar una exposición. Suzanne está eufórica. La galerista, única mujer en el masculino mundo de las galerías de arte, se está haciendo un nombre. Ella vende los primeros cuadros de Picasso y de Matisse; ella es quien ofrece una exposición individual a Modigliani, exposición que acabará en escándalo porque las autoridades obligan a retirar cinco desnudos que, están convencidos, son una ofensa al pudor... Pero en ese momento, ya lo hemos visto, el escándalo cada vez es más buscado. Cuanto más irreverente sea una obra, más llamará la atención y más personas se interesarán por ella. Es el momento de la ruptura y las vanguardias, el momento en que la norma es que no hay norma. De modo que, cuando Berthe Weill le ofrece exponer, ella acepta encantada y agradecida por ese escaparate tan oportuno, puesto que la galerista es reconocida y valorada. Si Suzanne expone allí, se la van a tomar en serio. La del año trece es sólo la primera de las diecinueve exposiciones de Suzanne que acogerá la galería de Berthe entre 1913 y 1932.

Esta galerista –«Mère Weill» y «Merveille», como la llaman en un sugerente juego de palabras– supuso un auténtico trampolín para la obra de la pintora. Mujer de temperamento, Berthe estaba muy involucrada en la difusión del nuevo arte y empatizaba mucho con el esfuerzo de la paleta femenina, de modo que Suzanne se convierte en una de sus protegidas.

Es fundamental la función de las galerías en estos momentos. Hasta el siglo XIX el arte era sólo destinado a elitistas minorías que valoraban en la intimidad de los salones privados los grandes cuadros. A finales de siglo y, sobre todo, a inicios de la nueva centuria, el arte empieza a ser propiedad de todo aquel que entre en una galería, porque puede contemplar con detenimiento las obras y disfrutarlas. En ese momento de arte alternativo emergente, Suzanne se da cuenta de que tiene que ir a por todas. Así, en 1914, todavía con la euforia de la primera exposición, pinta *La red*. De nuevo se atreve con un desnudo masculino que, en este caso, es el único protagonista, sin compartir espacio con los desnudos femeninos, que eran mucho más habituales.

Como si Suzanne presagiara la inminente ausencia de su amante, que está a punto de ser llamado a filas para combatir junto a las tropas francesas en la Primera Guerra Mundial, lo retrata tres veces: de espaldas, de perfil, de frente. André, siempre André. La red que estira la figura es el motivo que justifica el estudio de los músculos y de la tensión física del cuerpo desnudo, la espalda erguida, las piernas moldeadas, el culo firme. La misma red censura los genitales, condición que ya conoce Suzanne para que su obra pueda ser expuesta. Se lanza y coquetea con la provocación, pero conoce los límites.

El lienzo aparece en una de las exposiciones de los independientes en París, en 1914, y ahí se da un pequeño escándalo. Pocos años antes, Arthur Cravan, peculiar personaje –boxeador, filósofo y poeta– había fundado la revista *Maintenant!* Sobrino político de Oscar Wilde, era el único redactor de la totalidad de poemas, cuentos breves y críticas artísticas que aparecían en la publicación. Llegó a reconocer que criticaba salvajemente a artistas conocidos porque quería crearse fama, aun cuando fuera fama negativa. Así, afirmó: «Escribo para enojar a mis colegas, para que hablen de mí e intentar hacerme un nombre. Con un nombre uno tiene éxito con las mujeres y en los negocios». A esas alturas, ya todos saben que es importante generar expectativas hacia uno mismo, por lo que explota la publicidad tal y como hoy la conocemos: gráfica, provocadora, impactante.

Cuando el oportunista Cravan intenta hacerse un nombre molestando a sus coetáneos, el enojo de los colegas era justificado, ya que su provocación ácida tiraba a dar. De los cinco números que se publicaron de *Maintenant!*, el cuarto fue especialmente punzante. Los objetos de su crítica fueron Guillaume Apollinaire, la pintora Marie Laurencin y nuestra Suzanne.

Para hacernos una idea del tono y la burla hacia la pintora vanguardista Marie Laurencin, leamos lo que escribió: «Le vendría bien que le levantaran las faldas y le metieran una gran… en alguna parte…». Cuando fue obligado a rectificar, denunciado, se limitó a rellenar los espacios en blanco de los puntos suspensivos originales: «Le vendría bien que le levantaran las faldas y le metieran una gran astronomía en el Teatro de Varietés». Había conseguido que la burla se acentuara todavía más en la rectificación.

Pongámonos en contexto. Marie Laurencin había roto su relación con el escritor Guillaume Apollinaire un par de años antes y estaba a punto de casarse con el barón Otto von Wätjen, de modo que le dirigió sus improperios en un momento en el que, seguramente, todavía ella estaba sola y quiso reírse de su «falta de hombre». Lo cierto es que, más allá de la burla ácida, esta pintora, que coqueteó con el fauvismo y el cubismo, llegaría a ser una especie de retratista oficial de las mujeres destacadas de París, pues se conservan sus muy interesantes retratos de Helena Rubinstein, Colette y Coco Chanel. Al fin y al cabo, las mujeres influyentes se ayudaban entre ellas y eso les permitía fuerza frente a los ataques de los hombres como Cravan.

A Suzanne la llamó «vieja zorra» y criticó la «simpleza» de *La red*. Probablemente, sí que la ofendió que la llamara «vieja» por lo que conocemos de Suzanne. Sabemos que detestaba envejecer e imaginamos la mala intención del crítico porque sabría que el modelo, mucho menor en edad que ella, era su amante. Así que, igual que Marie Laurencin, también ella lo denunció y lo obligó a rectificar. El sarcasmo en la respuesta era, como en el caso de Laurencin, la nota dominante: «Quiero advertir al público de que, contrariamente a mi afirmación, madame Suzanne Valadon es la virtud misma». No se le escapa a Suzanne la burla en torno a su figura, pero imagino que debió de entrever algunas ventajas ante esa situación. Por un lado, ella ya sabe de sobras que el que hablen de una, aunque sea mal, va bien si se trata de estar en las portadas de la actualidad. Por otro lado, si esa crítica intenta herir a los artistas principales de Francia, ¡ella está entre ellos! ¡La consideran una de ellos!

Cuando acabo de perfilar este momento de la vida de Suzanne en que está feliz porque ha encontrado el amor en un hombre mucho más joven que ella, me doy cuenta de que ya he tenido entre las manos este perfil de mujer de cuarenta y cuatro años con un hombre veintiún años menor. Con otra casual coincidencia, además, como es el punto de partida de su relación: 1909.

En 2003, cuando me dediqué a escribir la biografía de la pionera del periodismo de corresponsalía bélica Carmen de Burgos *Colombine,* ya me encontré con una mujer que se había separado de un hombre burgués; en este caso, su marido. Carmen abandonó a Arturo en su Almería natal, y empezó una relación sentimental en Madrid con un hombre veintiún años más joven, el por entonces desconocido Ramón Gómez de la Serna, al que Carmen introducirá en el mundo literario.

Es una casualidad cronológica y vital de dos mujeres –Carmen en Madrid y Suzanne en París–; sin embargo, no deja de resultarme curiosa y, apegada a mi estirpe gallega que cree en las meigas y las cosas de la magia, me parece cargada de sentido y me obliga a valorar cómo se tomó el hijo de Suzanne la relación con ese hombre joven porque sé cómo se lo tomó la hija de Carmen.

Lo de Carmen fue duro: su hija María, de la misma edad de Ramón, sedujo en 1929 al amante de su madre, de modo que la relación acabó brusca y dramáticamente veinte años después de haber empezado. Carmen de Burgos se enteró de que su amante y su hija habían tenido una aventura a sus espaldas. Gómez de la Serna huyó entonces a Argentina a buscar un modelo de mujer similar a Carmen –inteligente, divorciada, con hija– y la encontró en Luisa Sofovich. La hija, María Álvarez de Burgos, acabó avergonzadísima, mucho más todavía porque la madre la perdonó.

En la historia de Suzanne, se da el caso de que André y Maurice eran amigos. Es más, André era uno de los muy pocos amigos que tenía Maurice, aparte de Modigliani, quien no le iba a sobrevivir mucho tiempo. ¿Cómo habría influido entonces en Maurice esta relación de su madre con uno de sus mejores amigos que era, además, más joven que él mismo?

La relación entre Suzanne y André iba a durar veinticinco años, entre 1909 y 1934. Carmen de Burgos llevaba dos años muerta cuando el idilio entre Suzanne y André acabó. Maurice tomó siempre una posición vulnerable ante el padrastro que era tres años más joven que él. Esa figura de padre-amigo o amigo-padre le causó un trauma, lo desquició del todo, y André tuvo que ayudar a Suzanne a gestionar los ataques de locura de Maurice que, seguramente, acentuaba él mismo al estar con su madre y ejercer hacia él el papel de figura paterna.

La relación debió de ser tormentosa a tres bandas y, sin duda, tóxica. Suzanne estaba erotizada, André tuvo que obligarse al autoritarismo con quien antes era un colega y Maurice se eternizó en una enfermiza infancia sumergida en la locura y el alcohol. En esa red, espiral o telaraña, los tres juntos se pasean por Montmartre, los tres juntos se van a vivir a un estudio en la calle Cortot –sede hoy del Museo de Montmartre–, los tres juntos se emborrachan, los tres juntos pintan, o lo intentan. La madre parece la amiga, el amigo parece el padre y el loco no da tregua. Los tres están malditos por llevar la vida al límite de la pasión y de la lógica y ese malditismo será utilizado también –¿cómo no?– como un recurso publicitario para promocionar su obra, como veremos.

Además, mientras que a André no se le da bien la pintura, Maurice cada vez lo hace mejor. La rivalidad y los celos van de un lado a otro de la red. Maurice pinta tan bien y con tanto éxito, que incluso Suzanne ralentizará su creación para ayudar al hijo en las exposiciones individuales y en la exitosa venta de sus valorados cuadros. En ese momento de espectadores caníbales, el halo de locura que acompaña a Maurice provoca que su arte sea muy apreciado.

André saca partido. Trata con galeristas y organiza sus agendas. Aquel amigo de la juventud de André Utter, Edmond Heuzé, con quien pintaba en la calle cuando descubrió a Suzanne; se ha convertido en 1918 en el director de la galería Salgot, en la calle Laffitte. Consigue vender numerosos cuadros de Suzanne y de su hijo, de modo que están los dos en la ruta de galerías de arte de París y sus nombres son cada vez más conocidos.

Maurice Utrillo V. gana fama vertiginosamente, quizá por el malditismo que lo rodea y la fragilidad de su salud, que presagia una muerte prematura. En este sentido, Octave Mirbeau, un crítico de arte anticlerical, pacifista, antimilitarista y detractor acérrimo del arte conservador, ve en Maurice el genio. En sus artículos había destacado el valor de otros artistas como Vincent Van Gogh, Camille Claudel y Aristide Maillol, y destaca también el de Maurice. Cierto que su comentario es agridulce –«he descubierto a un desecho humano, borracho epiléptico, que es un verdadero genio. Daos prisa a comprar porque no le queda mucho tiempo»–, pero destaca el arte de Maurice. En todo caso, Suzanne, con los reparos con los que ella también contempla la fragilidad de su hijo, también sonríe: ¡Su hijo es un artista! ¡Lo lleva en la sangre!

Utrillo, además, ha encontrado la amistad en otros artistas interesantes, como el italiano Modigliani y el bielorruso Chaïm Soutine. Este último, llegado a París en 1913, fue inseparable compañero de borracheras y de aventuras de Maurice. Una de las más destacadas es la que lo llevó a hacerse con un buey desollado en una de las carnicerías de Montmartre. El objetivo era homenajear a Rembrandt, quien ya había pintado en 1655 una versión de la carne. Lo que ocurrió es que Soutine tardó tanto en acabar el lienzo que la carne en descomposición hizo que sus vecinos lo denunciaran por el hedor insoportable que salía del estudio. Vivían escándalo tras escándalo. Utrillo, aun inconscientemente, estaba siempre en el meollo, estaba en su salsa y encontraba fuera de casa el calor de la amistad para su delicada y siempre vulnerable estabilidad.

Dentro, parece que el trío de MauMau (Maurice, Maurice), Dedé (André, Dé, Dé) y Suzanne encuentra un frágil equilibrio. Ateos, revolucionarios, polémicos, excéntricos, provocadores y mortalmente vitales. Se convierten en un grupo que será conocido como «La maldita Trinidad».

Es Felix Féneon, director artístico de la galería Berheim Jeune, quien tiene la idea de bautizarlos así en 1917. Hacía apenas doce años que Louis Vauxcelles había llamado «Les fauves» a un grupo de pintores que defendían una estética primitiva, en la que primaba el color, la forma y la tendencia a lo vital. El término era peyorativo –*fauves*, salvajes– sin embargo, en ese momento, ya hemos visto que todo lo que era considerado negativo por el juicio tradicional mereció grandes reconocimientos alternativos. Lo efímero era también un rasgo de estos grupos que emergían y desaparecían. En ese caso, había sido Matisse quien había agrupado a los pintores salvajes.

Como se trataba de ser original, rabioso y con gran potencia, Suzanne y los suyos adoptan el apelativo como nombre artístico para exposiciones futuras. Serán La maldita Trinidad. Para las gentes cansadas de la guerra, el escándalo, unido al talento y la originalidad, fueron de gran atractivo y todo el mundo empezó a hablar de ellos. Pronto se dio cuenta Suzanne de la importancia de crearse un personaje y de tener contactos. Ésos eran los ingredientes imprescindibles para triunfar, más allá del talento.

Pintor excéntrico, galerista con contactos y crítico de arte afín. Éste es el triángulo mágico. En el Montmartre de la época el pintor ofrece su obra, el galerista dispone del escaparate y un crítico amable respalda el trabajo en un intento de dar valor a los cuadros. En este juego de la puja, es muy importante mostrarse como un artista y, sobre todo, que te vean. Exponer supone mostrar la obra, ser reconocida, enfrentarse a las críticas y, sobre todo, empezar a oír su nombre. En este sentido, la década de los veinte es una explosión de mujeres en los cuadros de Suzanne. Empieza en 1920 con *Mujer mirándose en el espejo* y *Desnudo en el sofá*, y sigue hasta 1930 firmando *Desnudo con sábana, Dos bañistas, Mujer con medias, Desnudo reclinado,*

Desnudo reclinado con sombrero, Desnudo con manta azul... En todos ellos, sus mujeres posan mostrándose en su plenitud de cuerpos rellenos, cargadas de erotismo involuntario, ese erotismo que desprende la mujer auténtica.

En 1920 se hace socia del Salon d'Automne. Este lugar había nacido en 1903 por iniciativa de Frantz Jourdain y recogido la obra de Gauguin, Ingres, Manet y Cézanne, entre otros. El calificativo de «otoño» era importante para distinguirlo de los otros salones oficiales que se celebraban en primavera. Era, de nuevo, un espacio para lo alternativo, y allí va Suzanne. A partir de su entrada allí, proliferan sus retratos a varios personajes de la burguesía parisina. Ya había retratado a Marie Coca y su hija (1913), y lo siguen los de la artista de circo Mauricia Coquiot (1915), Miss Lily Walton (1922), Madame Lévy (1922), Monsieur Charles Wakefield–Mori (1922), Madame Kars (1922), Marie Lani (1928) y Geneviève Camax-Zoegger (1936). A Marie Lani, la actriz de moda del momento, también la habían retratado Bonnard, Chagall, Cocteau, Derain, Matisse, Roualt y Jules Pascin. Así, el lienzo de Suzanne se enmarca en una moda de representación del icono. Por lo demás, los retratos familiares, como hemos visto, la han ocupado y la ocuparán siempre en un intento por inmortalizar a su madre, a sus amantes, a su hijo, sobre todo a su hijo, y en los últimos tiempos también a su nuera.

Entre los desnudos de Suzanne y las calles de Utrillo, venden tanto que llegan a manejar una fortuna considerable, y sus nombres son garantía de éxito económico. En 1923, firman un contrato con la galería Berheim-Jeune, y ese mismo año compran el castillo de Saint Bernard, al norte de Lyon. Allí, Maurice podrá alejarse de las callejas llenas de tabernas que, en terrible contradicción, atraen y repelen por igual a su madre. Es en el castillo donde Suzanne se va a dedicar al dibujo de exteriores. En este momento de su carrera, la paleta de colores se ve influenciada por Matisse, lo que le otorga un grado más intenso al cromatismo de su obra.

En 1928, un artículo ilustrado de la revista alemana *Deutsche Kunst und Dekoration* hace un estudio de la labor de Suzanne y de la de Utter; Utrillo queda fuera. La verdad es que la fuerza de los retratos de Suzanne hace sombra a los paisajes de Utter que Oskar Schürer escoge para ilustrar el artículo. Como sea, en esta ocasión y al contrario del comentario de Cravan –quien ya hacía diez años que había desaparecido en el océano Atlántico cuando viajaba en barco–, el juicio es favorable, y Suzanne está feliz de estar en el foco de atención. Que hablen, que hablen de ella y de su pintura.

Sin embargo, con exponer, con ser objeto de unas cuantas páginas no basta. Sabe bien que la provocación seduce, que la extravagancia engancha. Está rodeada de tipos peculiares que no tienen pudor ni vergüenza y, cuanto más escándalo, más fama. Así que empieza a trabajar su imagen peculiar de personaje alucinado.

En las páginas de internet que hoy, en plena década de los veinte del siglo xxi, recogen un perfil de la artista, se mencionan algunos de sus lienzos más célebres y hacen constar que fue madre de Maurice Utrillo. Nunca olvidan, sin embargo, las anécdotas que resultan más inverosímiles y extrañas, como que tenía una cabra para que comiera sus obras descartadas, que paseaba con una bolsa de caracoles vivos, que ofrecía caviar a sus gatos los viernes, que llevaba un cinturón con zanahorias colgando, que vestía coloridas ropas anchas y calzaba zuecos enormes, que lanzaba fajos de billetes a los pilluelos de Montmartre...

Suzanne había ido asimilando la necesidad de inventarse. Satie fue uno de los primeros que le enseñó a crearse un personaje. Los numerosos trajes idénticos que habían encontrado en su habitación tras su muerte no eran una extravagancia gratuita, sino un recurso para conseguir el propósito de crear una imagen. De hecho, los biógrafos analizan la vida de Satie en tres períodos muy marcados por la distinta estética que lo caracterizó: bohemio, el caballero de terciopelo gris y el hombre de negro.

Era fundamental ser identificado, repetirse a sí mismo para ser reconocido. Es lo que hoy se llama, en publicidad, la creación de una marca personal. Ella lo utilizará muy bien décadas después. No se cortará el lóbulo de la oreja ni se pegará un tiro, pero se disfrazará de loca porque sabe que el público hambriento de lo extraño e imperfecto paga mucho más si quien crea está marcado por el estigma de lo maldito. En su caso, las excentricidades son muy meditadas y dirigidas a su marca: Suzanne Valadon. Es interesante saber que destruyó —o no conservó, que al final viene a ser lo mismo— muchos de los epistolarios que mantuvo con otros y que podían dibujarla para la posteridad de un modo distinto a como ella se quería. Se deshizo de toda evidencia que pudiera dibujar a otra que ella no quería ser. Ella es la dueña de su Yo, y, como si se tratara de un gran autorretrato, elimina todas aquellas facetas con las que no quiere que la relacionen y subraya, exagera e incluso en ocasiones inventa lo que quiere que sea recordado sobre su vida y su persona.

Vivir en el margen era fácil para ella, que había nacido fuera y había ido bordeando la línea rígida entre la miseria y el reconocimiento social. Tenía mucha experiencia en zonas de aduana por lo que se refería a lo social, lo económico y, desde luego, lo artístico. Coquetea con el lado oscuro.

Por otro lado, era el momento de la provocación. En 1917, Marcel Duchamp, bajo el pseudónimo de R. Mutt, había convertido un urinario en obra de arte, en ruptura de la obra de arte o en simple provocación titulándolo *La fuente*. La primera piedra había sido lanzada. Los dadaístas reivindicaban un arte iconoclasta, pero erigiendo otros iconos y creando nuevos mitos. ¿Por qué el pintor surrealista Salvador Dalí, no mucho más tarde, paseó un oso hormiguero por las calles de París o sacrificó un cochinillo en Nueva York al son de un recitado demoníaco? Dalí sabía que la *performance* era importantísima para llegar a un público amplio, que se escandaliza tanto como se siente atraído por el loco. «La única diferencia entre un loco y yo es la de que yo no estoy loco», afirmó el pintor. Es una declaración sincera sobre su actuar excéntrico, que en realidad es algo absolutamente consciente e intencionado. Los actos de locura crean un personaje del loco del que se disfraza el cuerdo y ambicioso Avida Dollars.

Suzanne, décadas antes de que Dalí aplicara su método paranoico-crítico, fue una pionera. Esos años de locuras medidas son los posteriores a su etapa más productiva, más interesante y atrevida. No pinta tanto ya, pero sí se hicieron retrospectivas suyas en 1929, en 1931 y en 1932 en las galerías Bernier, Le Centaure y Georges Petit, respectivamente. Seguía estando en la primera línea del arte parisino. En 1933, participa en el Salon des Femmes Artistes Modernes, un escaparate perfecto para mostrar la actividad de todas esas pintoras que estaban creándose un lugar en la historia de la pintura francesa.

Capítulo 16
La muerte de los otros

Ser un pintor maldito y pegarte un tiro con treinta y seis años porque te puede la frustración porque nadie te comprende y por haber vendido apenas lo suficiente como para recuperar lo que gastaste en lienzos y pintura, como Vincent Van Gogh.

Ser un pintor maldito y morir con treinta y seis años delirando a causa de la sífilis porque la pasión fue un remolino que acabó contigo, como Toulouse-Lautrec.

Ser un pintor maldito y acabarte con treinta y cinco años porque te ha invadido la tuberculosis sin saber que tu pareja embarazada de ocho meses se suicidará días después, como Modigliani.

Al morir Amedeo Modigliani, el 24 de enero de 1920, Suzanne ya había presenciado también la muerte de Puvis de Chavannes, de Renoir y de su querido Degas. Los nombres que la vinculaban al arte morían, algunos ancianos, otros prematuramente, y ella sufría la muerte de los otros como si, con cada una de ellas, la esencia del barrio fuera desapareciendo un poco, convirtiéndose en un lugar menos auténtico, más previsible en la prefiguración del cuadro postizo para turistas en que acabaría convirtiéndose.

Cuando Toulouse-Lautrec falleció, a inicios del siglo, Suzanne sintió un latigazo. El encuentro con el cartelista había supuesto para ella muchas cosas importantes. Con él había disfrutado a fondo del mundo de la noche en los molinos y tabernas. La vorágine de personajes que retrataba el pintor, la fuerza que otorgaba a sus dibujos la había seducido. Que muriera Toulouse, quien la había bautizado, la dejó tocada. Más adelante murió también la madre, Madeleine, en 1915, y padre no tuvo nunca, así que cuando desapareció Degas el 27 de septiembre de 1917 se sintió huérfana del todo. Degas, junto con Toulouse-Lautrec, la habían nacido al arte. Él la había introducido en la Academia, le había enseñado la técnica del grabado y la había animado a caminar por la agreste senda de la pintura de fines de siglo.

Cuando muere el joven Amedeo Modigliani, en enero de 1920, todos los genios, los locos, los disidentes, los borrachos sorprendidos cuando la resaca desaparece, todos ellos juntos caminan en el silencio del cortejo fúnebre. Delante marcha el sacerdote, a quien sigue el coche tirado por caballos, y, lenta y triste, avanza detrás una procesión de artistas, galeristas, camareros, taberneros, con la mirada pegada al suelo nevado. Celso Lagar nos dejó un lienzo en el que se testimonia el momento. Ahí, entre ellos, va Suzanne, lamentando en esa escena del dominio de la muerte la brevedad de la vida. Maurice, acongojado, se tambalea entre el séquito. Ha bebido para poder soportar el golpe de la ausencia y el ritual del entierro del amigo. Suzanne le lanza miradas de lástima y de impotencia. ¿Acaso su hijo, atrapado por el alcohol, acabará igual? ¿Acabará como el otro, el pintor pelirrojo? No quiere ni imaginárselo. Ella pensaba en el genio del arte cuando evocaba los lienzos con girasoles, con lirios y con sillas. Cuando lo animó a pintar, no quería llevarlo del lado de la locura, sino salvarlo y traerlo al lado de la vida. Las pinturas luminosas, el blanco sorprendente, le parecieron una buena señal. Sin embargo, si se sincera, Maurice cada vez está más decadente. Es joven y parece un viejo. Camina encorvado, y lo peor es que mira con tristeza. A ella se le va pegando a los huesos, sin remedio, el desánimo de su hijo.

En este entierro, el pánico la está atrapando y desearía huir, pero no puede. Continúa aferrada al suelo nevado, siguiendo las huellas de líneas alargadas e irregulares que van dejando las ruedas del carro en el que viaja el muerto. Piensa que quiere mucho a su hijo, pero que quizá lleva años queriéndolo mal y se acongoja, sumergida en el remordimiento que el paso lento de la comitiva acentúa. Le laten las sienes y siente unas incontrolables ganas de llorar.

La muerte de Modigliani debió de marcar a Suzanne, y no sólo por lo impresionado y abatido que vio a su hijo, sino por los pensamientos oscuros que la dominaron. A los pocos días, la bellísima Jeanne Hébuterne, compañera de Modigliani, embarazada de ocho meses de su segundo hijo, se suicida lanzándose por la ventana. Esa tragedia del artista maldito, maldito más allá de la muerte, es la pasión llevada al límite. Además, Suzanne vuelve a constatar con la muerte de este otro pintor la tiranía del arte. Modigliani no pudo ver –y precisamente por no poder verlo es por lo que ocurrió– cómo, apenas una semana después de su muerte, sus obras pasaron de estar valoradas en 300 francos a estarlo en 300 000. La muerte otorga valor a las obras. El hecho de no poder realizar ninguna más convierte a las que ya existen en apreciado objeto de deseo.

En este sentido, Van Gogh llevaba encima en 1890 una última carta dirigida a su hermano, una carta que no llegó a entregarle. Siempre preocupado por el lastre económico que él y su arte suponían para el hermano marchante, hace una triste reflexión final: «Las cosas están muy tirantes entre marchantes de artistas muertos y los artistas vivos». Él se mata, y así el hermano puede representar a un muerto, de modo que los beneficios serán mayores. El mercado del arte es el gran monstruo. Suzanne es muy consciente de dónde se encuentra y su mirada adquiere nuevos tintes oscuros.

En esa década de los veinte, abundan sus estudios de bodegones y paisajes junto a los desnudos. Combina ambos temas, dedicando la misma atención a los dos motivos por igual. Está investigando, experimentando con el color, cuando ya Seurat ha plasmado en puntos la realidad que ve. El puntillismo, el expresionismo, el arte de la pincelada salvaje... Ella, neoimpresionista o lo que quiera que sea –en realidad, mientras la tengan en consideración le da absolutamente igual–, sigue a su aire con la emoción de la búsqueda del color. El trazo lo tiene ya controlado.

Es en esta época cuando se dice que se dedicó a vivir de lo que producía su hijo, que lo encerraba para que acabara encargos o lienzos que tenían que ganar lo suficiente como para mantenerse una temporada. Se dice también que ella pintaba muchos de los cuadros que firmaba Maurice. Argumentan que su hijo se convirtió en un pintor conocidísimo y producía cuadros como churros, tantos que era imposible que él los realizara todos. Lo cierto es que hubo un momento en que lo que estuviera firmado por Utrillo se vendía y su estudio se convirtió en una especie de factoría. Los turistas y los galeristas compraban sus obras cuando la pintura estaba todavía fresca.

La muerte de tantos otros ayuda a Suzanne a reflexionar sobre la propia, sobre todo para organizar su legado. Ahora que su madre no está, se sabe la única responsable del alcohólico indefenso. Medita lo que le tiene que dejar al hijo, ese hijo que ha llorado en el entierro de su amigo Modigliani; ese hijo que no acudirá al entierro de su madre cuando, dieciocho años después de ese nevado día, ella deje de respirar.

Capítulo 17

Polvo

Polvo eres. El gran enemigo de la vitalista Suzanne Valadon es el tiempo, ese que parecía detenerse como un regalo en las horas largas del estudio en el pasado se ha transformado ahora en un terrible verdugo. En cada tictac se siente envejecer y el golpe de los años va ganando impulso en su intento de tumbarla. Sus cincuenta años frente a los veintiséis de André; sus cincuenta y largos frente a los treinta y pocos. La pareja entra en un círculo vicioso de rechazo, aún inconsciente. Ella lo detesta por joven, por vigoroso, por atractivo; él la odia por su arte valorado, por su prestigio y por su mala leche. Suzanne cae en la trampa de la rabia y lo trata como a un niño hasta el punto de que lo humilla ante amigos comunes ordenándole ir a comprar justo cuando llegan las visitas que esperan. Lo hace ostensiblemente, delante de todos. André calla y obedece hasta que el desprecio se percibe en su mirada. Incluso en alguna de las fotografías que nos han llegado de la pareja se percibe ese desencuentro.

Los años veinte, esos años de la pérdida de tantos personajes en la vida de Suzanne, fueron también una agonía sentimental para la pareja. No hacía tanto que habían vivido el idilio de los primeros tiempos e incluso una inesperada luna de miel en mitad de la guerra, cuando André fue herido en mayo de 1917. Para recuperarse, el soldado fue enviado a Belleville-sur-Saône, cerca de Lyon, adonde Suzanne corrió desde París. Aquéllos fueron casi tres meses de éxtasis amoroso. Parecían adolescentes; se amaban y parecían tener toda la vida por delante, fueran los que fueran los días que les quedaran. Suzanne dejó de hacer cuentas de los años que se llevaban. Eran dos almas gemelas.

Una vez recuperado, fue enviado de nuevo al frente, al Regimiento de Infantería 158, en Fontainebleau, donde había sido destinado. Suzanne regresó a París. Al volver, una vez acabada la guerra, estaba claro que André había cambiado. Cuando, años después, Utter recuerde ese oasis en medio de la lucha que fue su idilio con Suzanne en la primavera del 17, lo evocará como el momento más feliz de la pareja. Se habían encontrado en un mundo que se derrumbaba. Suzanne había corrido para estar junto al marido. Se habían amado, se habían entregado. Sin embargo, con el paso de los años en las trincheras, a André se le había oscurecido la mirada y, ya en tiempos de paz, se había vuelto más interesado que interesante.

Suzanne, la alegre Suzanne a pesar de las fotografías y los autorretratos tristes, se había quedado en París mientras duraba la guerra, sufriendo por el marido, pero también continuando con su ajetreada vida sexual, entre otras cosas, para demostrarse a sí misma que seguía estando en forma, que su cuerpo era todavía deseado. Era un juego arriesgado. Pasaron de estar locos el uno por el otro a detestarse. Lo suyo fue una especie de montaña rusa. En los últimos tiempos de la pareja, Suzanne hizo un último intento para recuperarlo, incluso gastando la última moneda de que disponía para ganárselo de nuevo a cambio de regalos. Sin embargo, herida finalmente en su vanidad y amor propio de mujer que sabe que su hombre busca a otras, acabó detestándolo.

Por lo que se refiere a ella, es una carrera a la desesperada. Ya la juventud hacía tiempo que la había abandonado, a pesar de su cuerpo agradecido y de su energía de vendaval. Además, André está en pleno apogeo y tiene éxito con las mujeres. Él aprovecha el momento. Será después, cuando Suzanne esté en el ataúd, que André llorará por los días felices del pasado, aquellos del principio de la relación en los que el estudio de la calle Cortot estaba repleto de flores, donde el sexo era sexo y el amor se sobreentendía.

Lo cierto es que, tras la guerra, André se convierte en un eficiente hombre de negocios. Representa con éxito a madre e hijo. Cuanto más éxito tienen y más dinero ganan, más se parece el André Utter pobre al Paul Mousis rico, y más lo detesta Suzanne. En los últimos años veinte y en los primeros treinta, se percibe claramente que aquella chispa del pasado se ha apagado en los cuadros de Suzanne, unos cuadros que siguen teniendo la función de diario íntimo. Hay gatos, hay bodegones y hay un claro signo del final del erotismo en un retrato de André Utter sentado, ojeroso y con barba de días, vestido, acompañado de sus perros.

No hay ya sensualidad en ese lienzo en el que el marido aparece en posición pasiva, abstraído. Parece que ella quisiera decirle que tampoco él es ya tan joven, a pesar de sus muchas aventuras con jovencitas, de las que Suzanne, inevitablemente, se acaba enterando. En esos dibujos, se respira aire de ruptura.

Ése es el momento, además, en que Maurice cobra mayor fama. Sus cuadros son cada vez más valorados y buscados. Se convierte en el pintor de los rincones de Montmartre. Tener un Utrillo es tener un poco del aire del barrio, una bocanada de aire fresco exhalada por un borracho que tinta de sombra los blancos de sus cuadros. El padrastro, antes amigo, siente envidia y celos del despojo humano que ha conseguido el éxito pictórico, mientras que él debe ocuparse de mundanas cuestiones económicas. Maurice cada vez está más alcoholizado e ido, pero André no se queda atrás. Bebe, bebe mucho, y pasea su infelicidad procurando disminuirla de forma perversa en los brazos de cualquiera de las muchas mujeres que se acercan al olor de la fortuna que maneja gracias a la venta de los cuadros de su mujer y de su hijastro.

Mientras tanto, la vida se le va escapando a Suzanne de entre las manos. En las fotografías de sus últimos años, la mirada es triste y ácida, más desencantada que clarividente. El barro, la arcilla, la tierra empiezan a obsesionarla. Polvo eres, y en polvo te convertirás.

Capítulo 18

Mírate a la cara

Para alguien que es tan consciente de la fugacidad del tiempo, es importante mirarse a la cara, y el motivo del autorretrato es fundamental en Suzanne. Desde sus dieciocho años, podemos observar el tema en sus lienzos a lo largo de toda su vida. Nos sirve esa observación y análisis para hacer un recorrido por la geografía de su vida, montañas escaladas y laderas descendidas en una galería de miradas profundas, comisuras tristes y pechos expuestos.

Había empezado temprano, el año que nació Maurice. A partir de ahí, en distintos momentos cruciales y hasta que estaba muy cerca el final de su vida, paró para mirarse a la cara y plasmarlo. Utiliza esos lienzos como autocreación, autorrevelación, autopreservación y autoexplicación. Efectivamente, como afirma Rafael Argullol en una brillante reflexión sobre el motivo, el autorretrato es un tema que implica la *dignitas* a través de la cual el artista reivindica su papel en el mundo. Aunque algunos buscan camuflar su auténtico yo mostrando su oficio o alardeando del nivel adquisitivo que ostentan o del lugar al que han llegado, no ocurre eso en los lienzos de Suzanne. Ella se muestra austera, con el protagonismo puesto en la mirada intensa y la boca apretada. Precisamente por lo simples que son esos cuadros, los detalles importan. Sus autorretratos tienen una importante función autobiográfica, ya que claramente su vida en esos momentos queda explicada. Aunque pintó y dibujó muchos a lo largo de su vida utilizando todas las técnicas que llegó a dominar, mencionaremos los más destacados.

En el primero de ellos, fechado en 1883, cuando cuenta con dieciocho años, se muestra de tres cuartos, como la mayoría de los que lo seguirán. Destacan la mandíbula dura y los labios apretados que la van a caracterizar en adelante, pero, sobre todo, destaca la mirada intensa que parece guardar un secreto. La sobriedad es también una característica de este primer retrato. El mostrarse vestida con austeridad y desnuda de adornos es un intento de ser sólo ella ante quien la mira, sin aparentar ni alardear. Se supone que firmó el cuadro años después, ya que todavía no se había encontrado con Toulouse-Lautrec, quien, ya se sabe, la bautizó como Suzanne Valadon. El año de este retrato es en el que está a punto de quedarse embarazada o lo está ya. Sin embargo, a diferencia de lo que vemos en el autorretrato embarazada de Paula Modersohn-Becker o de la posterior e interesantísima Gillian Melling –*Me and my baby* (1992)–, quien se autorretrata con una inmensa barriga a punto de dar a luz, desnuda completamente y pintando, no lo podemos apreciar porque el pincel apenas baja más allá de los hombros. Destaca su piel delicada y los ojos azules que contrastan con las ropas oscuras, nada coquetas.

El año de la entrada a la Socièté Nationale des Beaux Arts es el del siguiente autorretrato, esta vez a lápiz. En 1894, tiene veintinueve años y S.Valadon es ya su firma oficial. Encontramos en este dibujo idéntica decisión, líneas de trazos puros y mirada triste. Es un autorretrato minimalista, que consigue las sombras y los volúmenes con unos trazos bocetados, entre los que destaca el detallismo de los ojos enmarcados por las cejas pobladas. De nuevo, la mirada intensa y el rostro serio.

Cuatro años después, en 1898, ya vive con Paul Mousis, y entonces encontramos uno mucho más oscuro que los anteriores. Con treinta y tres años, el trazo, el cromatismo y el enfoque tienen mucho del retrato que le hizo a Erik Satie seis años antes. Hay una coincidencia de técnica y de uso del color. En este retrato, la mirada parece orgullosa, con un punto de desprecio. Si quien se autorretrata se está mirando a sí mismo, ¿no hay acaso aquí una languidez y un juicio severo? ¿Acaso se recrimina por la comodidad burguesa en la que se ha dejado caer? ¿Se culpa de no haber llegado todavía al reconocimiento pictórico?

Cinco años después, en 1904, todavía alojada en el castillo burgués con Paul Mousis, se vuelve a autorretratar a lápiz. Sigue la mirada triste y el trazo firme. En la línea del diario íntimo, de nuevo parece preocupada por algo que se nos escapa. ¿Acaso se recrimina la infelicidad que le causa la fortuna del hombre al que no desea? Muy diferente será el autorretrato de cuerpo entero y desnudo que pintará cinco años después.

Realmente, ese *Adán y Eva* de la provocación que ya hemos mencionado en otro capítulo la representa junto al joven amante en la única de sus autorrepresentaciones en que se muestra contenta y feliz. En aquella Eva del año 1909 hay ilusión y esperanza, y también hay atributos femeninos destacados, como es la larga cabellera, que flota sensual. Representa su cuerpo tan joven y deseable como el de André en un auténtico *carpe diem*.

En 1912, se autorretrata con la familia, en otro lienzo que ya ha aparecido también por estas páginas. Ahí recuperaba el gesto severo de interpelación al espectador, que parece ser ella misma. En ese lienzo de mano en el corazón la sonrisa ha desaparecido. Cuatro años después, muestra todo el dolor y el sufrimiento por la ausencia de Utter, por la muerte de la madre, por el alcoholismo del hijo y por su pegajosa soledad. En 1916, en plena guerra, recientemente huérfana de madre, con el hijo alcoholizado, el cuadro es desgarrador. Tiene ya cincuenta y un años. No hay esperanza. Es más, el fondo gris que rodea sus rasgos se percibe en el cuadro como si lo impregnara. El gris anodino de la indiferencia asesina al rojo de la pasión del fondo. La mirada es más vacía, perdida y sombría que triste. Es un cuadro claramente expresionista, firmado por una mujer a la que consideran posimpresionista y que nunca quiso encajar en ninguna escuela.

Contempla esta fea máscara muerta que tienes delante y no la olvides. Es una máscara de tiza y detrás tiene seco veneno

> muerto, como el ángel de la muerte. Es lo que yo era este otoño y lo que nunca quiero volver a ser. La boca desconsolada, los ojos apagados, aburridos, insensibles, sin expresión: síntomas de la espantosa podredumbre interior.

Estas palabras pertenecen a la entrada del diario personal del 10 de enero de 1953 de la malograda Sylvia Plath. Treinta y tres años después, la confesión de la poetisa que todavía no había nacido cuando Suzanne firma este último autorretrato del que hablamos parece encajar perfectamente con la emoción que nos transmite la pintora.

En 1918, la guerra ha acabado y vuelven el color, un halo de seducción y una cierta ilusión en la mirada de esta mujer de cincuenta y tres años. El gesto es de delicada nostalgia. La mirada evocadora que se dirige hacia ningún punto en concreto y hacia todos los lugares que habitan en su mente protagoniza el lienzo. El collar de cuentas revela coquetería y el vestido rosa, suavidad. Se intuye una sonrisa. Se ha aventurado a dibujar más allá del cuello, hacia el pecho, los brazos y casi las manos. El rojo del fondo sugiere, ahora sí, pasión. Acaba de vivir su idilio con el marido, soldado herido, recuperándose en un retiro lejos del frente. Ella ha corrido para estar con él. Se han amado, han vuelto a ser adolescentes apasionados y su sonrisa serena parece evocar el momento de feliz encuentro.

Ese mismo año se autorretrata con flores. La ropa parece mucho más informal, como una bata de estar por casa, y las flores, colocadas en la misma línea que su rostro, lanzan de nuevo un mensaje de caducidad. Este cuadro es interesante porque hay más elementos. Entra en juego un mantel que pinta con una de esas técnicas que la caracterizarán en lienzos conocidos como *La habitación azul*. Se trata de unos estampados planos que tienen mucho de la técnica del cloisonismo de las grandes vidrieras. El dibujo es plano y bien definido. Consiste en ir rellenando de color distintas secciones previamente dibujadas. El jarro azul, a juego con la ropa y los ojos, le proporciona armonía al conjunto, que es completado con el beige y el marrón del mantel y del fondo.

En 1927, los colores siguen ahí, pero el rictus es el mismo de siempre. Intuimos que se está mirando al espejo, que está concentrada en la labor del autorretrato. Tiene sesenta y dos años y es la imagen del desencanto. El collar es un atributo femenino que aún mantiene aquí, pero que vuelve a eliminar en el siguiente, cuando se autorretrata dentro del espejo que la refleja. Otro símbolo de caducidad, un cuenco con fruta, sustituye a las flores que, en el fondo, significan lo mismo.

Es interesante la representación del marco dentro del marco y el uso de colores azules que le dan fuerza y expresividad a esta otra imagen de su tristeza. Su cara es un juego de ángulos marcados. La mirada de tristeza perdida y las frutas efímeras como nuevo recordatorio del *ars moriendi* son una marca de lo que la empieza ya a obsesionar.

Las cosas han cambiado, mucho. Hace diez años del romántico encuentro con el marido en medio de la guerra. André ya no está en comunión con ella. Han ocurrido demasiadas cosas. Sigue pintando con éxito, pero siente que la vida se le escabulle entre las manos. Su hijo, además, cada vez está más tumbado por el alcohol, que lo va dominando. Se ha convertido en el autómata que pinta una y otra vez lo mismo con el único objetivo de conseguir dinero para beber, beber y beber. La pintura le permite irse matando poco a poco. Suzanne ve en cada borrachera del hijo su infelicidad. Lo siente como un ataque a su labor como madre, la madre que quizá no ha sabido ser. Y es que Maurice, tras la muerte de su abuela, está más perdido que nunca. Los ingresos en los centros de desintoxicación son cada vez más frecuentes, su mirada más sombría, su figura más decadente.

Hasta aquí, Suzanne se ha mirado a la cara, procurando ser honesta, pero falta todavía el autorretrato por excelencia, ese en el que se muestre en lo que casi es una caricatura, diciéndose que hay pocas esperanzas, mostrándose ridícula en su intento por mantener la seducción a la que durante toda su vida ha aspirado. Llega el lienzo que es una esquela, un levantar acta de que todo se va ya acabando, de que el negro va ganando al resto. En ese cuadro nos dice que se siente en peligro sumo, que se consume con sus armas y que su cuerpo la entierra más que la hospeda. «Hoy pasa y es y fue con movimiento que a la muerte me lleva despeñado». No sabemos si Suzanne leyó los sonetos metafísicos que escribiera Francisco de Quevedo siglos atrás, terriblemente intensos, pero es evidente que siente que su hora y su momento tienen la misma fuerza que las azadas quevedianas y, desde luego, que van cavando en su vivir su monumento.

Capítulo 19

La vieja

Mirada incisiva y azul, rictus triste, pechos desproporcionados y pequeños, nariz larga en busca de la barbilla, boca hundida. *Descriptio vetulae*. El retrato de la vieja. La dura imagen que nos ofrece de su rostro muestra a una mujer entrada ya en la edad anciana a la que le faltan dientes y, a pesar de todo, coqueta, con las canas teñidas y luciendo el collar que ya conocemos de otros lienzos. Su mirada sigue siendo penetrante. Llega 1931 en la vida de Suzanne y, con él, su autorretrato por excelencia. Se mira a la cara, y se escupe. Es el más intenso de sus autorretratos, el más impactante, el que pintó cuando contaba con sesenta y seis años. En este caso, la obra es original, porque no es en absoluto habitual contemplar un autorretrato de anciana desnuda que mira con asco evidente.

En 1917, había hecho un autorretrato con los pechos al descubierto, en claro diálogo con los famosos retratos que le había hecho Renoir. En un primer lienzo, titulado *La trenza*, Renoir la había mostrado en una posición erótica, insinuando los pechos, pero sin mostrarlos. En otro de los lienzos en los que el impresionista la tomó como modelo, aparece su busto sin mirar al espectador, de nuevo con el erotismo colgado de una blusa blanca que oculta, insinuándolos, los senos jóvenes y sensuales. En su obra, pintada mientras André sigue en el frente, ella baja la blusa para mostrarse desnuda. Entre los pechos de Suzanne del 17 y los del 31 han transcurrido catorce años. En el autorretrato de la ancianidad el gesto de la boca es mucho más elocuente en su traducción del desánimo.

Hay una cierta tradición de mujer pintora que se autorretrata en la ancianidad. Anna Dorothea Therbusch lo había hecho en el siglo XVIII, mostrándose con una lente para poder leer el libro que sujeta en su mano derecha. Sin embargo, Therbusch se muestra elegantemente vestida.

Tenemos que esperar hasta bien entrado el siglo XX para que, tras Suzanne, otra artista entrada en edad se autorretrate desnuda. Se trata de Alice Neel, quien, en 1980, cincuenta años después que Suzanne, se nos muestra flácida y vieja, sentada en un sillón blanco y azul. Esta pintora, perteneciente al expresionismo norteamericano, se pinta cuando le quedan apenas dos años de vida. Son legados del alma al descubierto, mensajes desesperados cuando intuyen que esto está a punto de acabarse.

Como Neel, Suzanne tampoco quiere disfrazar su edad avanzada, esa que tanto le duele a su yo vitalista. Sin embargo, tal y como ya conocemos a la coqueta, vitalista e intensa Suzanne, el autorretrato desnudo, literalmente, es desconcertante en su trayectoria. Supone un sincero y brutal atrevimiento a mirar directamente a la cara de la que quiere ser joven y, sobre todo, significa que desea seguir en la brecha. Parece querer enviar un mensaje a Utter, recriminándole que busque en otras lo que ella está todavía dispuesta a darle. Ese autorretrato, por encima de todos los suyos, transmite la verdad de la imperfección. Parece ofrecer la reflexión del paso del tiempo sobre la que había sido modelo para tantos pintores que habían inmortalizado su bella juventud: aquella joven es esta vieja.

> Los diferentes sistemas de cultivo de la belleza han comprometido nuestro derecho inherente no sólo a *ser* nosotros mismos, sino a parecernos a nosotros mismos, y generan un contorno facial en la madurez que se ajusta al *aspecto bien conservado*. Esta conservación de los músculos parcialmente deformados es, en el mejor de los casos, simplemente una parodia complaciente de la juventud. ¿Para qué sirven nuestras

> experiencias vitales si se las despoja de una revelación estética adecuada sobre nuestro rostro?

Son palabras de Mina Loy –interesantísimo personaje–, en su texto «Auto-Construcción-Facial», presentado en el Salon d'Automne de París en 1919. Esas palabras de la rebelde y feminista dadaísta podrían muy bien explicar la evolución en los lienzos de Suzanne. Por uno de aquellos hilos que unen en la vida a los personajes más inverosímiles, se da el caso de que Mina Loy fue la esposa de Arthur Cravan, el periodista sobrino de Oscar Wilde que había insultado a Suzanne en su revista *Maintenant!* Estas dos mujeres, la Mina amante de Cravan y la Suzanne odiadora del boxeador poeta, tenían, pues, mucho más en común en su ideario de lo que podría parecer a simple vista.

Finalmente, para acabar con el análisis que sugiere el intenso autorretrato de vejez, podemos observar que tiene una curiosa relación con el que firmara Paula Modersohn-Becker. Este año, Suzanne ya conoce bien la obra de la pintora alemana. En 1927, aquel artículo del diario alemán que alababa su obra se había centrado en el análisis del autorretrato familiar, aquel pintado el año 1912, cuando todavía vive la madre y Suzanne pinta al grupo en disposición de V. En ese artículo, la figura de la madre es comparada a *Vieja campesina*, cuadro de Paula Becker que guarda un parecido realmente abrumador con la imagen que Suzanne muestra de Madeleine.

Así pues, Suzanne conoce a Paula, y también su obra. Modersohn-Becker se había autorretratado varias veces desnuda. Una de ellas, la más impactante, posa con el pecho al descubierto, la barriga embarazada –todavía no lo estaba, falta un año para que su fatal proyección sea real– y adornada sólo por un collar de cuentas amarillas..., ¡como el que luce Suzanne! Hay un vínculo indudable entre ambos retratos. En el de la expresionista alemana, se muestra la muje-madre, con la mirada resuelta. En el de nuestra posimpresionista francesa, aparece la mujer-mujer que no renuncia a su sexualidad, a pesar de que ya sabe lo que le espera.

En cualquier caso, la sinceridad de los dos lienzos es la misma. Un único adorno, una pieza escogida que rompe la piel desnuda y la matiza. Suzanne se muestra cansada, deprimida, afectada por la constatación de la vejez, apabullada porque le va llegando la muerte y la percibe. «Es preciso haber muerto varias veces para pintar así», había escrito Van Gogh a su hermano desde Nuenen, refiriéndose a una obra de Rembrandt. ¿Cuántas veces había muerto Suzanne para reflejarse así? ¿Murió con los amantes perdidos, murió con los encierros del hijo loco, murió con el marido ya casi ausente del todo, murió con el tiempo devorándola desde el otro lado del espejo? ¿Cuántas veces había muerto? ¿Cuántas?

Transcurrirán sesenta y dos años antes de que Jenny Saville se autorretrate, en 1992, en *Apuntalada.* La artista tiene veintidós años cuando se lanza a utilizar su cuerpo para describir una emoción de vértigo, de fragilidad a pesar del volumen que aparentemente la ha de asentar sólidamente en la tierra. Esta pintora, perteneciente a los Young British Artists, deconstruye los conceptos de belleza y de erotismo en el lienzo para mostrar su verdad. En una entrevista que concedió en 2016, afirmó: «Es una lección que aprendí muy pronto: que hay verdades que son más grandes que el conocimiento. No tiene mucho sentido excederse en el análisis o la crítica». Los autorretratos de esta pintora tienen mucho que ver con Egon Schiele, como ella misma ha admitido, pero yo le encuentro también el germen en la obra de Suzanne.

Ambas están siempre descolocadas y en tensión, persiguiendo idéntica honestidad en el cuadro. No imagino a Suzanne analizando en exceso la obra, sino dejándose llevar, como asegura Saville que le ocurre a ella. Es posible que, si Suzanne hubiera vivido en la década de los noventa del siglo XX, hubiera compartido la poética de la artista inglesa, mujer rompedora y sincera con un pincel con el que se sumerge en el alma.

El autorretrato, en fin, es el enfrentamiento directo al yo. En un autorretrato, la yo-pintora pinta, la yo-modelo posa y la yo-cuadro es el resultado de la pintura. Sujeto agente, sujeto paciente y objeto:

pinta, es pintada y resulta pintada. Esa triplicación del yo hace que sea una de las obras en que el artista tiene que ser más sincero o, por lo menos, en que nos muestra más su alma que en ninguna otra de las pinturas. Y el alma de Suzanne, sea a tres cuartos, a lápiz, en óleo o sanguina, sola o con la familia, vestida o desnuda, rezuma en sus autorretratos, en los que su rostro nunca sonríe; excepto en la única ocasión en que se desnuda a lo Eva o muestra una tímida mueca de sonrisa al final de la guerra. En ellos, cada vez la nariz es más larga, la mandíbula más prominente, más fruncidos los labios, más escasos los dientes. Sus facciones son duras, pero la definen con franqueza. Se retrata tal y como es, con honestidad y, en términos actuales de léxico de nuevas tecnologías, sin filtros.

Ese año 1931 del duro autorretrato, Suzanne goza ya de fama indudable en todas las galerías de arte de París. Vende cuadros, le encargan retratos, pinta por dinero y por gusto, es reconocida, respetada y valorada. Finalmente, lo ha conseguido. Ese mismo año, Frida Kahlo se está retratando con un mono, con dos vestidos y un corazón, con su muñeca, entre cortinas... Abren las dos un camino al autorretrato sincero, confesional e intimista.

En el documentado libro titulado *Seeing ourselves. Women's self-portraits*, Frances Bozzello recorre la historia del arte en clave de autorretrato femenino. Ahí aparecen numerosos rostros, desde Catharina Van Hemessen (1548), pasando por la Clara Peeters que se autorretrataba en el reflejo de las vasijas para firmar sus naturalezas muertas (1611), la jovencísima Ana Waser (1691), la anciana y precursora del retrato de la vieja que lleva monóculo para leer mejor Anna Dorothea Therbusch (1762), Elisabeth Vigée-Lebrun (1781), hasta llegar a la explosión del siglo XX en que se encuadra la obra de Valadon. En esta centuria, destacan Mary Cassat (1880), Marie Laurencin (1905), los varios autorretratos de Paula Modersohn-Becker (1905, 1906), Zinaida Serebryakova (1909), Dorothea Tanning (1942), Yolanda M. López (1978), Rachel Lewis (1990) y la provocadora e interesantísima pintora inglesa Jenny Saville, esa que se autorretrata desnuda, con la carne desbordada, tatuada y marcada para una inminente operación de cirugía estética. De todas las mujeres que recoge el estudio, son muy pocas las que se atreven a mostrar su cuerpo desnudo. Suzanne es una de ellas.

Muchas de estas artistas se enfrentan a su tiempo por el hecho de autorrepresentarse para que no las represente otro. En el caso de Suzanne, era fundamental, porque se sentía traicionada por todos los que la habían utilizado como modelo y habían descartado su rostro. Acaso el único que la observó y la plasmó había sido Toulouse-Lautrec.

El atrevimiento del «aquí estoy yo y así soy» es equivalente al que protagonizó el Lazarillo en la mitad del siglo XVI cuando nadie se atrevía a escribir su vida –las epopeyas y las épicas relataban en tercera persona las biografías de otros, siempre héroes–, y mucho menos si esa vida era miserable. Como Lázaro, aunque éste sea un personaje inventado, Valadon se retrata real, sensual o apática, segura de sí misma o cargada de dudas, en posición de afirmación personal o de interrogación existencial. Para Suzanne, no es necesario representarse con el pincel en la mano, como habían hecho muchas de sus colegas artistas. Suzanne se retrata sin adorno ni utensilio de pintura alguno porque sí, porque ella es el sujeto que decide que es ella el objeto que quiere pintar. Basta firmar el lienzo. Su nombre la precede y es un guiño al espectador avisado. Desde luego, todo el mundo sabe ya a qué se dedica y quién es Suzanne Valadon cuando tiene casi setenta años.

Capítulo 20
Invisible

Y ahora, ¿qué? En la entrada de la década de los treinta, la última de su vida, en España se ha proclamado la Segunda República, que reivindica el progreso, la igualdad de la mujer ante la ley y el ateísmo. Entretanto, Francia vivía los últimos coletazos de la suya, la tercera. Iban por delante en muchas peticiones progresistas, ya que, en buena medida, habían avanzado las mujeres en todos los planos. En su caso particular, Suzanne había conseguido en la República francesa hacerse un lugar como pintora, había logrado finalmente conseguir una fortuna suficiente como para comprarse un *chateau* en el campo, lugar donde se le pasaban horas y horas invitando a amigos a grandes comilonas y gastando dinero en una frenética lucha contra el tiempo.

Ya Utter está muy lejos. Es un ridículo personaje egocéntrico y pagado de sí mismo, convertido en un nuevo rico despilfarrador. Entra y sale de casa sin dar explicaciones y Suzanne hace también lo que puede, que cada vez es menos. En esos días, la casi anciana Suzanne empieza a pensar mucho en Erik Satie, aquel músico de su juventud que había sufrido tanto de amor por ella. Repasa los nombres de los hombres que la han querido o, por lo menos, de los que la han deseado. Son muchos. Siente la vanidad de la mujer que se ha sabido admirada y la nostalgia de la que constata que todo eso ha cambiado.

¿Acaso la angustia que André esté con otras mujeres? Lo que realmente la apena es que ya no la desee a ella, que no la toque, que ni siquiera la vea. Eso sí le duele a Suzanne, quien siempre había necesitado sentirse deseada y saberse el centro de atención. Ahora su figura pasa desapercibida también en las tabernas en las que tantos ojos la habían seguido en su recorrer por los pasillos sirviendo licores. Cuerpos jóvenes, tersos y provocadores le han tomado el relevo y nadie se fija en la mujer decadente si al lado hay una joven de pechos turgentes y caderas generosas. Es invisible.

Además, al pasear por su querido Montmartre, apenas reconoce ya a nadie. Los ancianos de su juventud están todos muertos, los de mediana edad son ancianos decrépitos que ya no salen de casa y los que eran jóvenes como ella son, como ella, ya viejos. La angustia la idea de que cada día que pasa hay más gente joven en el mundo y, en una fórmula terriblemente proporcional, cada día más anciana la ven a ella. El paso del tiempo que era sólo una tímida amenaza en el pasado se ha convertido ahora en un acompañante pesado que no la deja ni a sol ni a sombra.

Maurice sigue bebiendo y bebiendo; André también bebe y, al final y a pesar de todo, también bebe Suzanne. El alcohol amortigua la angustia y calma los nervios. Los cuerpos desnudos de sus lienzos ahora sí que son sustituidos totalmente por flores, gatos y paisajes. Empieza a mirar hacia fuera, hacia los objetos que la rodean. Empieza a venerar a los animales que la acompañan mucho más que a cualquier persona. ¡Cómo agradece a su gato Raminou las horas de compañía cómplice y devota en silencio!

Las flores que la ocupan recuerdan los estudios de Degas del siglo anterior y también los contemporáneos lienzos de Frida Kahlo. A ella le recuerdan sus días de trabajo en la funeraria y el *ars moriendi* vuelve a atacar. Y ahora, ¿qué? Tiene sesenta y seis años, un hijo de cuarenta y ocho, un marido de cuarenta y siete. Tiene también algunos amigos que la acompañan en esporádicos veraneos y siempre en las fiestas que organiza en su castillo del campo.

Ha logrado lo que quería.

¿Ha logrado lo que quería?

Aunque siempre la ocupó alguna pintura de bodegones a lo largo de su carrera, en los años treinta se acumulan esos motivos. Las flores de la década anterior van dejando paso a sillas con limones y patos y peces muertos. Aunque pudiera parecer que estos cuadros de los últimos tiempos cumplen la misma función que el confeccionar manteles de ganchillo o bordar a punto de cruz manteles y servilletas en otras ancianas que se aburren en las dilatadas tardes de verano, hay algo más en la tarea de Suzanne. Ella sigue estudiando los colores y escribiendo a golpe de pincelada las más duras páginas de su diario personal.

Por un lado, se da cuenta muy bien de que, en toda su trayectoria, los colores planos han funcionado porque la tendencia era al cloisonismo, ese arte de las vitrinas que utiliza espacios monocromos. Ahora, buceando en sus flores, ella intenta comprender el color más allá del azul –precioso e impactante, por otro lado– de *La habitación azul*. Está buscando nuevos matices, realidades distintas, un verde en la hoja de una rosa que se explica mucho mejor si se incluye el reflejo rojo de la flor con unas cuantas pinceladas perdidas. Mira el lienzo desde lejos, y entonces sí: el verde es ese verde y el rojo es absolutamente el rojo que ella ve en el jarrón. Se va encontrando con los colores pensándolos constantemente y creando llamativas naturalezas muertas con esos motivos. En esos cuadros, siempre le queda un espacio para la paleta de los oscuros, pero los tonos cada vez consiguen un matiz más interesante.

Por otro lado, el simbolismo que había visto en sus inicios en los cuadros de Puvis de Chavannes emerge ahora en su obra con fuerza. Los animales muertos son un presagio, un reflejo de los oscuros pensamientos que la empiezan a acaparar.

Pero es Suzanne Valadon, y Suzanne Valadon siempre lucha y se reinventa. Toca seguir aprendiendo y ofreciendo las obras acabadas de la década anterior que aún no ha conseguido vender. Intenta utilizar influencias y amistades para exponerlas o difundirlas en círculos más elitistas. Lo más grande sería, sin duda, que el propio Estado francés quisiera hacerse con alguna de sus obras. Ésa sería una gran victoria. ¿Será capaz de vender más obras al Estado, después de que en 1924 le compraran *La habitación azul*?

¿Y su cuerpo? Hacía ya mucho que no tenía la menstruación. La menopausia había sido una etapa de sangrienta agonía. Había sufrido abundantes sangrados de cuarenta días para transcurrir después otros cuarenta sin ver ni gota roja. Había observado coágulos de sangre en la ropa interior de un rojo tan intenso que se sintió tentada de reproducirlos. Había sufrido unos terribles dolores de ovarios para pasar luego meses sintiéndose más ligera que nunca... Perder la regla definitivamente la deprimió un poco, porque era la constatación de que ya estaba fuera de juego: ya no servía para ser madre, ya no podría volver a crear una vida. En esa época se dedicó a pintar aquellos autorretratos de sus cincuenta y tantos con el rostro reconcentrado, pensando quizás en que podía haber vivido de otro modo, deseando que la vida que le quedaba –¿diez, veinte, acaso treinta años?– fuera benévola.

Todavía está delgada, pero la carne de los brazos, la de los muslos, tiende hacia el suelo formando un pellejo desagradable que ella procura tapar con ropas anchas. Viste larguísimas faldas de colores, blusones llenos de puntillas, calza zuecos de madera, cualquier cosa que llame la atención y que distraiga a quien pueda dedicarse a valorar su cuerpo con detalle y concluir que es una mujer vieja. Cuando se mira al espejo, reconoce que parece un payaso de ropas desparejadas y anchas, pero eso quiere: disfrazarse. Mejor ser ridícula que vieja, mejor que la miren por rara que no que nadie se fije en ella. Y se fijan, en ella, la ella que ya no es ella.

Toda esa vorágine de emociones le está pasando factura. Sólo le queda reinventarse, seguir pintando hasta la náusea e intentar volver a empezar. Lástima del hijo borracho, lástima del marido mujeriego, lástima de la madre muerta. Las ausencias le pueden y entonces entra en comunión con el espíritu de un hombre pelirrojo al que había visto apenas unos minutos en una de las fiestas locas de su juventud, una de aquellas en las que Toulouse-Lautrec era el anfitrión. Aquel tipo apocado, callado y extraño que había extendido un lienzo en el suelo esperando a que alguien dijera algo. Nadie dijo nada. ¡Cómo se arrepentía Suzanne de no haber hablado con él! ¡Cómo se culpaba de no haberle dicho que le parecía un trabajo impresionante, que quería pintar como él pero que todavía no lo sabía! Comprendió tarde al genio neerlandés, y comprendió también sus sillas, pero la suerte es que acabó por comprenderlas. Sillas de la espera, sillas de la ausencia, sillas del arte destilado en latido.

Capítulo 21
Suzanne y los perros

Suzanne lleva gafas, sonríe. En esa fotografía en blanco y negro, parece una abuelita divertida e intelectual. Uno de sus brazos está algo ladeado, premonición del ictus que pronto va a golpearla y acabar con ella. Dos perros la acompañan. Aparte de eso, se ha quedado sola.

Utter se ha ido definitivamente; Maurice, también. Casado en 1935 con la rica viuda Lucie Valore, el matrimonio de su hijo es un logro de Suzanne, de su diplomacia. Ya puede descansar tranquila. El vulnerable Maurice está en buenas manos. Tiene un colchón económico, alguien que lo quiere y que cuidará de él y de su arte. Sin embargo, el matrimonio se ha ido a vivir a las afueras y Suzanne se ha quedado sola en París. Su victoria en la batalla de alejar a su hijo de la soledad le ha valido la suya.

Se había separado el año anterior de Utter. La distancia de la edad –ella cerca ya de los setenta frente a los cuarenta y tantos de él– resulta insalvable y se convierte en un muro imposible de derribar. Quizá lo más terrible de una vida es que, cuando pasa, se comprende todo. Se aprende a vivir cuando ya es tarde, cuando ya los días se van escapando y sólo se puede dejar constancia de ese aprendizaje en lo que queda de uno, con la esperanza de que perdure en el tiempo un poco más. La vida de la fama, que pregonaba Manrique. Ella ha aprendido y lo ha ido mostrando, a lo largo de sus años y su modo de actuar. La niñez del hijo, la fortuna, la muñeca perdida, el hombre deseado, la familia en la que cada uno de los miembros es una isla, las mujeres que se saben poderosas, la mujer que se siente decadente, la silla evocadora...

Imagino las horas de soledad de la anciana Suzanne. Intuyo el silencio del estudio en el que antes hubo risas o discusiones violentas, voces que, al fin y al cabo, traducían las grandes pasiones de la vida intensa. Ahora, el silencio lo inunda todo. No hay más que el trino de los pájaros, el golpear de alguna rama en la ventana si el día es ventoso, los gritos de los niños en la calle que la llaman de vez en cuando para que les lance los billetes a los que los tiene acostumbrados cada tanto, llena de ternura hacia los pequeños que malviven en la calle; esos niños que le recuerdan sus días del pasado en que la pobreza era un agujero en el estómago y la promesa de que todo podía cambiar.

Excepto eso: un vacío pegajoso invade las estancias e inunda esa cabeza que antes siempre hervía de ideas, que escuchaba alguna melodía, que oía discusiones sobre arte que no le importaban, que engullía el gemido del amante mientras la poseía con fiereza. Todo se acabó. Suzanne tiene setenta y dos años y se siente anciana.

Ha intentado congeniar con su nuera, mujer de carácter que ha absorbido con sus tentáculos al hijo borracho. Lo cierto es que, antes de intentar llevarse bien con ella, Suzanne lo que había intentado de veras era romper la relación cuando intuyó que la figura de la otra emergía con fuerza, que anularía su influencia sobre Maurice. Y es que Lucie Valore era una mujer de gran temperamento. Casada y divorciada del escultor Joseph Bernaud, había quedado viuda de su segundo marido, Robert Pauwels, un rico banquero y marchante de arte belga. Pauwels, gran aficionado a rodearse de artistas, recibió a Suzanne y a Maurice en las tertulias literarias que el matrimonio celebraba. Allí, Maurice se atrevió a escribir poesía, y Lucie fue descubriendo el genio de ese hombre malhumorado y misántropo.

Al morir Pauwels en 1933, Lucie se acercó mucho a Suzanne, quien ya vivía más lejos que cerca de Utter. Se convirtieron en una especie de confidentes y en una de sus veladas compartidas Suzanne le transmitió su temor a morir y dejar abandonado y solo en el mundo al vulnerable Maurice. Enseguida, Lucie reconoció su deseo de casarse con él. A Suzanne, la idea no le agradó al principio, pues sabía que Lucie era una mujer de fuerte carácter y acostumbrada a hacer su voluntad. Imaginó su trato autoritario hacia el hijo, y eso la disuadió. Sin embargo, pensándolo bien, vio en el posible matrimonio dos grandes ventajas. La primera es que Maurice estaría protegido y amparado por el sentido práctico y la fortuna de la viuda. La segunda ventaja tenía que ver con Utter y una venganza.

Llegado el año 34, Suzanne ya tiene claro que André Utter sigue con ella porque Maurice es una magnífica fuente de ingresos. Si Maurice se casa, su marido dejará de beneficiarse de las ganancias del trabajo de su hijo, ganancias que André gestiona y gasta con las muchas mujeres a las que seduce. Suzanne ve la oportunidad de acabar con esa relación que lleva décadas beneficiando al adúltero. El dinero del hijo pasará directamente a la gestión de la intrépida Lucie, que no iba a permitir que el otro se inmiscuyera.

Se debatió durante un tiempo en la contradicción de la alegría por saber que alguien se ocuparía del destino del hijo y la envidia por ver que esa mujer conseguía encarrilarlo en la moderación y la creación más tranquila, cuestiones en las que ella había fracasado. ¿Acaso había sido una mala madre? ¿Le faltó temperamento, a ella, que tuvo tanto, para calmar las ansias del hijo, para domesticarlo en la rutina de una vida tranquila? ¿Se arrepiente de ser quien es? Seguramente no, porque, si se sincera, ella ha sido pasión sin medida y vida, vida, vida. Quizá, de volver atrás, caería en los mismos errores y disfrutaría de los mismos aciertos. Ella ha conseguido que su nombre se conozca y reconozca, que sus dibujos sean valorados, que su fuerza quede plasmada en el papel y en la tela. Ella ha expuesto, ha vendido, se ha ganado la vida pintando... ¡Incluso en 1936, finalmente, ha vendido varias obras al Estado francés! Todo eso lo ha conseguido siendo quien es.

En una de las últimas fotografías de Suzanne, ella está a la izquierda del hijo, a quien su nuera abraza. Están en un restaurante.

La pintora coge la mano de Lucie, como cediéndole el relevo. El hijo mira con timidez, como un niño indefenso, hacia la mesa. Es un hombre entre dos mujeres. Suzanne se ve anciana, pero todavía se le dibuja la mandíbula firme y se muestra coqueta con su moño, porque renuncia a cortarse el pelo.

Cuando acepta la situación, Suzanne pinta a Lucie. En 1937, un retrato muestra la mirada fría de la nuera, más fría todavía por contraste con el fondo cálido del lienzo titulado *Madame Maurice Utrillo.* Lucie Valore es la mujer del pintor, el que había recibido un nombre de otro artista se lo da a la mujer que se casa con él, y Suzanne, como hiciera con ella Toulouse-Lautrec, la bautiza.

En la tristeza solitaria de los últimos años de Suzanne, todavía aparece un personaje curioso, un músico de bar llamado Gazi Igna Ghirei, apodado «Le Tatar», con el que trabará amistad. Poco se sabe de este personaje que charló, como otros de los personajes de esta historia, con el biógrafo John Storm y le ayudó a completar su biografía de la pintora. Le Tatar le dice que ella le hizo de madre, que le enseñó a dibujar, que fue su mecenas. Las malas lenguas afirman, en cambio, que fue su último amante. Un joven de apenas veinte años con una mujer de setenta. Me agrada sobremanera, al llegar a este punto, que éste sea un secreto de los protagonistas, que no sepamos cuál es el grado de amistad o relación al que llegaron. Todavía me alegra más saber que no estuvo sola en sus últimos días y que este hombre, fuera lo que fuera para ella, le dio energía para continuar después del abandono de su marido y de la distancia que –tal y como ella había imaginado– impuso su hijo, influenciado por Lucie.

Ahí la tenemos. Anciana y cansada, pero no acabada. El joven es un acicate para que Suzanne ejerza de maestra, quizá para que intente ser una madre. Por otro lado, el cubismo está ya en los lienzos y el surrealismo presenta sus escenas de delirio. Se consolidan ahora los pintores que eran apenas unos niños cuando ella empezaba a pintar. Picasso es uno de los nombres que suena con más fuerza por las tabernas y las galerías de arte. Braque también protagoniza un momento dulce.

Por entonces, la obra de Suzanne se interpreta como una especie de etapa intermedia entre el realismo y la ruptura total. Los neoimpresionistas y ella misma, fuera lo que quiera que fuese, quedan en una especie de limbo. Por un lado, la denominación general hace que todo matiz muera, ya que tanto un incipiente puntillista, como un simbolista tardío o un cubista tímido, son englobados en el mismo saco del neoimpresionismo. Los jóvenes se atreven a dibujar un triángulo en vez de una cara, un cuadrado y no una casa. En este sentido, la obra de Suzanne es una irregularidad de lo realista o una pincelada de lo vanguardista, pero ése es precisamente su valor: ser una visionaria y una *outsider*. Permitió que el espectador leyera su historia y en cada cuadro dejó escrito un relato. Sus miradas hablan, sus peces muertos explican.

Mientras tanto, llegan aires de lucha. En España continúa la guerra civil iniciada en julio del 36, pero Francia sigue mirando el conflicto desde la frontera, con el latir pausado de la inminente nueva guerra mundial que se avecina. Acaso se arraciman refugiados republicanos españoles al sur del país, pero todo eso queda muy lejos de su colina, en París. Tampoco, como sabemos, Suzanne se ha involucrado nunca en política. A ella le importa la reivindicación de la mujer que es ella misma en el lienzo. Observa los cuadros nuevos, geométricos, absurdos, oníricos y feos, más feos e imperfectos que los feos que creaban los de su generación. Intenta comprender. Procura inspirarse. Sólo tiene que reinventarse; ella, la que siempre tiene energía para volver a empezar; ella, la que nunca se rinde.

Uno de sus últimos lienzos es un jarrón de flores; ese tema clásico de belleza y caducidad por excelencia que la viene ocupando en los últimos tiempos. Un cartelito adorna el jarrón: *Vive la Jeunesse*. Viva la Juventud. Esa juventud que la ha abandonado hace ya mucho tiempo, pero a la que siempre aspiró. Es inevitable pensar en el último lienzo que firmó Frida Kahlo: *Viva la vida*. En cierto modo, los gritos finales de estas mujeres son dos peticiones desesperadas antes de enfrentarse a la constatación del final.

Con la primavera del año 38 llega también el frío de las flores negras. El 1 de abril, Suzanne se siente feliz, embargada por una euforia imprevista. La nueva estación siempre la renueva porque promete la llegada de los colores, del aroma de las lilas, de la luz intensa. Esa mañana no sabe que le quedan siete días de vida. Empieza un lienzo que le lleva más trabajo del previsto. No acaba de dar con el trazo preciso. Eso la atormenta, porque sus dedos solían volar recorriendo el lienzo. Durante una semana, lo retoma cada mañana, pero cada tarde lo ha de abandonar, derrotada y muy cansada, sin haber avanzado apenas nada.

El 7 de abril se levanta y acude al estudio y a los pinceles, como suele hacer. Quiere adelantar la obra. Las manos tiemblan más que de costumbre. Tiene manchadas las uñas, pero no le importa. Disfruta fundiéndose con los colores, que la piel absorbe. Durante unos segundos, se siente vibrar, porque los siente dentro. El rojo, el amarillo, el naranja, el rosa, el violeta, el azul, el marrón, el blanco… ¡Están todos ahí, ahí, en su cabeza! ¡Los tiene! ¡Por fin! Se da cuenta en un momento de feliz epifanía de que tuvo que pintar todo lo que ha pintado, todas las flores, todos los jarrones y paisajes, todos los rostros de la gente que ha conocido, para llegar a tener ese dominio del color. De pronto, un repentino dolor de cabeza no la deja pensar. ¿Y los colores? Se van… ¿Se van? ¡Desaparecen! Se van todos, y llega el negro. ¡Qué pena! Justo ahora. Piensa que tiene que explicárselo a su querido MauMau –Mau de Maurice, Mau de gato– antes de que se le olvide, para que se prepare, para que sepa cómo debe vivir antes de que el negro lo devore todo.

Se mira los dedos unos segundos, pero se le difuminan. Intenta enfocar la vista, pero no puede. Todos los colores de la paleta, los de su mano, se confabulan en un fundido en negro. Todavía tiene tiempo de dar un grito, gracias a lo que algún vecino acude en su ayuda. Cae al suelo. Está consciente. Se da cuenta de que una parte de su cuerpo se ha ido, porque no siente el lado izquierdo, no siente el brazo ni la pierna. La sensación es de absoluta pesadilla. Se ve desde fuera, como si esa parte de su cuerpo no fuera su cuerpo. Nota cómo sus perros le lamen la mano que todavía sigue con ella. Procura tranquilizarse. Todavía está a este lado de la vida.

Llega una ambulancia.

Entran a su estudio varias personas que se mueven con gran rapidez.

Todo es vertiginoso.

El tiempo que se había estirado tanto en las horas aburridas de su vida se convierte ahora en un momento trepidante. Todavía respira. Piensa en su hijo, su pequeño MauMau. Piensa en las pinturas. Piensa en los días felices, en la belleza de los colores que han venido a visitarla, en la niña que fue, en la joven atrevida, en los hombres que amó, en los lugares en los que estuvo, en su madre, en su hijo… MauMau, sobre todo, piensa en su MauMau.

Tumbada ya en la camilla, dentro de la ambulancia, levanta un momento la cabeza, apenas nada, lo justo para ver sus pies. Alguien le ha quitado las zapatillas. Mira hacia los dedos, agarrotados y llenos de miedo. Le parece que merecen un cuadro para reflejar este nuevo sentimiento de tensión y miedo... Si sale de ésta, los pintará.

Pero entonces llega el relámpago definitivo, un latigazo en la sien y pierde el sentido y, poco a poco, mucho más lento de lo que ella quisiera, va dejando de respirar... Horas después, ya en el hospital, el ictus se la lleva.

El día de su entierro acuden muchos, pero no su hijo. La acompañó Pablo Picasso, quien hacía unos meses que había firmado el *Guernika*, y también Braque, acaso pensando los dos cubistas que el ataúd podía representarse como un rectángulo perfecto. Fue a despedirse de ella el antiguo fauvista Derain antes de que la llevaran al cementerio de St. Ouen Seine-St. Denis, de París, donde reposan sus restos.

Su amigo Georges Kars la dibuja a lápiz en el lecho de muerte en un retrato en el que hay flores en blanco y negro. Son flores como las que ella misma, de niña, había preparado para tantos funerales; flores como las que reposaron en sus bodegones sobre mesas redondas, en jarrones de cristal que lanzaban un grito desesperado a la juventud, pero aquí no tienen color. Es ésta su última pose como modelo. Su nariz prominente, sus cejas altivas y su mandíbula severa se acababan, pero nos dejaba su gran legado: el valadonismo. Es decir, pintar con la misma fuerza con la que se vive.

Capítulo 22
Retórica de la mujer azul

A lo largo de la historia del arte, la representación de la figura femenina ha correspondido a la diosa, la virgen, la mártir o la pecadora. Evas pecadoras y aves virginales han compartido las cuatro letras de sus nombres y han poblado lienzos y frescos desde la Antigüedad. Así, la representación de la mujer se viene dando desde lo antiguo. Se cierra el siglo XVIII con las odaliscas morenas y rubias –siempre en posiciones eróticas y tentadoras– de François Boucher, y se abre el XIX con *La gran odalisca* (1814). En este cuadro, Ingres ofrece su peculiar visión de la odalisca recostada, estilizando su figura con vértebras de más, en una prefiguración realista de los alargamientos de Modigliani. Esa odalisca, tumbada sobre una manta azul –como la de Boucher–, iniciaba en la centuria la nueva visión del tema. Es cierto que hay reminiscencias de la *Venus del espejo* de Velázquez, como no puede ser de otro modo, porque la pintura, como cualquier manifestación artística, siempre le debe a lo que fue. Sin embargo, el siglo XIX supone el punto de partida de la nueva representación de la dama recostada.

Después de Ingres, medio siglo más tarde, dos pintores de tendencias muy distintas ofrecen sus dos visiones de lo femenino, lanzando dos propuestas diversas. En el año 1863, se firman *Nacimiento de Venus*, de Alexandre Cabanel, y *Olympia*, de Manet. El primero, claramente academicista y de marcado tinte renacentista, fue expuesto en el Salón de París e inmediatamente adquirido por Napoleón III para su colección personal. En cambio, *Olympia*, presentada en el mismo salón dos años después, fue rechazada por escandalosa. ¿Qué diferenciaba a estos dos cuadros que tenían motivo idéntico: la mujer recostada y desnuda? La obra de Cabanel era todo un clásico: un lienzo clásico representando un tema mitológico clásico. El cuerpo –perfecta *descriptio puellae* de mujer de piel blanquísima, cabello largo y rubio y rostro agraciado– es un modélico ejercicio de obediencia a la norma y genuflexión ante la belleza aceptada. Los ángeles le aportan el misticismo necesario como para justificar ese desnudo con el motivo de la representación de la diosa, conocido de sobras por el espectador. Cabanel seguía en este sentido la tradición de Tiziano, Rubens, Velázquez, Goya... Había creado un perfecto lienzo que constituía un eslabón más en la línea del tema clásico.

En el cuadro de Manet, hay también una mujer desnuda, reclinada, de bellas –aunque diminutas– proporciones. Entonces, ¿qué es lo que escandalizaba del cuadro? La diferente mirada con la que fue interpretado al considerar a esta odalisca como una parodia de la *Venus de Urbino*, de Tiziano, obra maestra del motivo de la Venus o mujer recostada. Vieron cómo la diosa del amor y la belleza era representada por una refinada prostituta parisina que llevaba unos zapatos en clara alusión fetichista. Una de sus manos, además, dirige la atención del espectador hacia el pubis –su fuente de riqueza–, y lo hace sin ningún pudor. Una criada negra aporta exotismo al cuadro, pero también realismo. Alguno de los hombres que ha pagado por ella le ha regalado un ramo de flores y el gato negro representa el instinto, el deseo, la sugerencia de lo oculto. No hay idealismo, no hay sentimentalismo, no hay vergüenza ni exotismo. Lo que hay es lo que se ve: una mujer de carne y hueso que se muestra tal y como es, una mujer que se gana la vida vendiendo ese cuerpo que nos deja contemplar y no se avergüenza de ello. No hay nada sublime, todo es real y sensual en un descenso de los cielos a la tierra.

Cabanel había pintado a la diosa; Manet, a la mujer. Quizá sin quererlo –Manet había intentado tenazmente ser aceptado en los círculos académicos– abrió un camino que va a ser explorado por muchos otros que vendrán. La mujer recostada, pero la que existe de verdad, la que no es fruto de la imaginación, aparece en numerosos lienzos desde entonces. Marià Fortuny, unos seis años después, pinta *Carmen Bastián*. En este caso, la modelo, morena, descarada, lleva medias, pero deja al descubierto su pubis de manera que toda la atención se centra en ese punto. Es otra versión de la venus de carne y hueso, la prostituta, la mujer que se ofrece con un punto más de erotismo. El de la prostitución es un motivo que permite mostrar de forma realista el desnudo en la época. Hay otros muchos que ofrecen odaliscas o mujeres recostadas: Eva Gonzalès, Ramón Casas, Rusiñol, Julio Romero de Torres, Klimt, Schieler y Suzanne Valadon.

Es un clásico decir que Valadon se especializó en el desnudo femenino, y es cierto que la mayoría de sus cuadros representan a la mujer sin ropa en distintas situaciones de la intimidad. Mariona Cañadas se dedica, en su trabajo de final de grado, a analizar el desnudo en Valadon y ofrece incluso una clasificación en función de si se trata de escenas de baño, de alegorías, de desnudos de medio cuerpo o cuerpo entero, de autorretrato o de desnudos masculinos. Cañadas hace un exhaustivo análisis de los cuadros de Suzanne en los que aparece este tema, motivo recurrente en su obra.

Hemos visto que el tema en sí mismo no era novedoso. ¿Qué destaca entonces en los cuadros que nos ofrece Valadon? La respuesta está clara: las suyas son mujeres que no se muestran, sencillamente están. No hay lado bueno en las modelos porque la pintora no lo busca ni le preocupa especialmente ofrecerlo. No hay lado bueno porque tampoco lo hay malo. Sus cuadros son instantáneas tomadas sin permiso. Hay, por supuesto, una búsqueda de movimiento, una inmediatez que va más allá del estatismo. En esos lienzos en los que las modelos se están moviendo, falta el empaque al que ella debió de someterse en las largas sesiones de posado. Son más libres, más auténticas y mucho más dinámicas. Sus mujeres son mujeres; no necesitan ser diosas ni venus ni vírgenes, ni tampoco putas. Su identidad femenina les basta para ser las protagonistas del lienzo.

Tomemos como ejemplo el de la adolescente que entra en el baño. La posición es de lo más natural y lógica en una escena de higiene privada, en la que se traduce una gran confianza entre los dos personajes del cuadro. Sin embargo, presenta un ángulo imprevisto en un desnudo. Ese cuadro de 1910, en el que una figura sin rostro, imaginamos que anciana, prepara el agua del baño es la captura de un momento con un plano inesperado. El uso de la figura anciana y de la joven es también recurrente en Valadon. Supone su peculiar tratamiento del tópico del *tempus fugit*. De modo que estos cuadros, y tiene varios, en los que se representan las edades del hombre, incluyen una reflexión sobre la caducidad del ser humano y la belleza, a lo Hans Baldung Grien. El tema de la joven, en ocasiones adolescente, enfrentada a la anciana supone un planteamiento de cuestiones metafísicas, del fugaz transcurso del tiempo.

Las dos mujeres que son testigos del transcurrir de la niñez y la entrada al mundo adulto de la adolescente viven un momento de intimidad absoluta, porque comparten el vértigo del tiempo. En este sentido, es fundamental *La pérdida de la muñeca*. El objeto-muñeca se carga de simbolismo al representar la niñez que la adolescente acaba de perder. Ella, sin embargo, parece no darse cuenta de su metamorfosis y es la madre, conocedora de lo que está ocurriendo, la que mira con nostalgia hacia la muñeca abandonada.

En este caso, la línea implícita es el lazo rosa, que las une, en la cabeza de una y otra. La madre parece mirar hacia el pasado, evocando lo que fue la infancia de la niña simbolizada en la muñeca, mientras que la adolescente se centra en el fututo, contemplándose a sí misma en un espejo que refleja sus pechos incipientes y su cuerpo de mujer en construcción. Izquierda y derecha. Pasado y futuro. Madre e hija. *Tempus fugit, carpe diem, ars moriendi* y belleza efímera. Toda la tópica desde los clásicos está ahí.

Otras mujeres desnudas descansando, aseándose, con poses espontáneas, inundan sus lienzos. El «así soy yo, quizá no te gusto, pero soy así» es uno de los lemas de Suzanne. Lo hizo con su rostro y lo extrapola, en su búsqueda de verdad y de libertad, a su visión del universo femenino. No quiere agradar, sino mostrar el cuerpo femenino tal y como es, con barriga y celulitis si las modelos las tienen, con la belleza explosiva del cuerpo adolescente si es el caso.

La actitud es muy interesante y hay que valorarla en el contexto en el que se produce. Si observamos los delicadísimos y exquisitos cuadros que estaban de moda entre la alta burguesía, firmados entre otros por Jean Beraud, vemos bellas damas refinadas, con originales adornos florales. Tienen unas cinturas delgadísimas y los pliegues de ropa fruncida les caen hasta los pies. Incluso en los cuadros de Beraud que representan a mujeres bebiendo absenta ellas llevan ropas incomodísimas y corsé. Esas mujeres no están a gusto, no pueden respirar porque el corsé las aprisiona. No se pueden sentar con naturalidad. Siempre están tensas y erguidas. En fin, no son mujeres, sino maniquíes, adornados objetos del deseo.

Un ejercicio estimulante es dedicar un rato a contemplar esas escenas burguesas de Beraud y valorar a continuación las mujeres –desnudas o vestidas– de Suzanne. Tras observarlas, se puede concluir que todas las mujeres de Suzanne entonan un grito unánime: ¡contra el corsé!

Sus mujeres son despreocupadas, se muestran cómodas en su desnudez o en sus ropas anchas porque no pretenden la belleza, sino que adoptan una pose de natural descanso. Contra las flores delicadas, las telas de leopardo. Contra el corsé, los michelines. Contra el abanico cargado de puntillas, el cigarrillo y el libro.

En los lienzos de Suzanne está clara la conciencia de ser una mujer y no necesitar ser otra cosa para ser protagonista del cuadro y de su propia vida. No parecen posar. Al llegar a este punto, comprendemos la importancia de un lienzo como *Habitación azul.* En su original representación del tema de la odalisca, la mujer está cómoda en su universo azul. Es la mujer que domina su destino, la que ha conseguido ser lo que ella quiere; la que, en definitiva, preconiza muchas de las demandas que hoy siguen vigentes. Ahí encontramos de lleno un espacio que destila el espíritu de la pintora. En sus luces y en sus sombras, en la mirada despreocupada de la protagonista del cuadro, en las hojas que destacan con luz inverosímil y plana, en los libros, en el cigarrillo, en el volumen imprevisto de pecho y caderas de una mujer que no cumple –ni se lo propone– el canon de belleza impuesto está expresada la seguridad con la que la mujer está en el mundo.

Hay unos atributos claros de fuerza y de lo que en esa época reflejaba masculinidad: dos libros, un cigarrillo, el cabello corto de una mujer que no quiere mostrar la melena sensual. Habitación azul enérgica, habitación *blue* de la tristeza, llena de hojas la manta en la que reposa como aquellas que taparon años atrás el sexo de su amado Utter. En el cuadro, junto a sus pies, hay libros, símbolo de la reflexión, de la modernidad, de la ruptura de los roles que han venido relacionando a la intelectualidad con lo masculino. Este lienzo supone un abanderamiento. Una mujer pintada por una mujer.

La pintora tiene otras muchas obras en las que pinta a la mujer cómoda, o abandonada a su feliz momento de intimidad. En una fotografía de 1926, observamos a Suzanne pintando una de sus mujeres recostadas, y ella misma parece vestir de lo más confortable. La fuerza la tienen los cuerpos de absoluta belleza abandonada.

Hay otro lienzo de tremenda intensidad que estudia el tema de la odalisca recostada desde el enfoque del escorzo. Es una de las obras más potentes de Valadon, por lo salvaje de la tela de leopardo, por los colores del cuerpo que, colocados estratégicamente, dan volumen, por el cálido erotismo que desprende la mujer dormida. Es lo femenino en estado puro.

Otros destacados son los dedicados a la venus negra. Ahí el trabajo se da en el juego de luces y sombras trabajado en la piel morena. Y es que, en los desnudos de Suzanne, hay toda una teoría que lleva implícita una convicción personal: la poética de la libertad. Es una declaración de principios en una actitud absolutamente moderna. Suzanne, sin autorretratarse realmente en sus cuadros de venus recostadas, está mostrando su idea de mujer, lo que ha de ser, cómo ha de ser, cómo le gusta que la vean.

Que Suzanne sentó una cierta escuela –de esas escuelas a las que ella misma, a pesar de todo, no quería pertenecer– lo muestra la fuerza de sus cuadros. Y es tan evidente, el erotismo tan claro, el misterio interior tan profundo que dejará una estela en algunos de los pintores que vendrán. Por ejemplo, se percibe su influencia en uno de los artistas más provocadores que van a observar con calma la obra de Suzanne: Bathasar Klossowski de Rola, más conocido como Balthus.

La deuda está clara a la vista de *La echadora de cartas* (1912), de Suzanne, y otras obras del pintor polaco-francés como son *El salón* (1943) o *Las tres hermanas* (1954), diversas versiones de figuras acomodadas en sillones alargados. Idéntica composición, aunque en el caso de Balthus sus personajes son niñas entrando en la adolescencia. El pintor, polémico por el uso de figuras infantiles en la creación de escenas de marcado tinte erótico, supo ver la sensualidad que se desprende del lienzo de Suzanne y la complicidad que se establece entre las dos mujeres a las que unía una carta en una de las líneas implícitas. Hay una relación entre ambas mujeres en un universo absolutamente femenino. Esa dama clara y la otra oscura son la totalidad de lo femenino en una reivindicación de identidad en el cuadro. Balthus percibió ese momento de intimidad y lo analizó, como es seguro que también debió de interesarle *La pérdida de la muñeca*, ya mencionada.

Sin embargo, Balthus va mucho más allá. Sus figuras parecen muñecos desmadejados y se atreve a la provocación más irreverente en un cuadro en el que presenta a la niña como el instrumento que la profesora de música pretende «tocar» en una dilogía escandalosa en *La clase de guitarra*, lienzo absolutamente pornográfico.

Lo de Suzanne es mucho menos explícito y la narración más sutil, y eso me atrae. Sin embargo, lo que une a ambos artistas es la idea de que, alejados de las vanguardias, procuran mostrar lo extraordinario dentro de lo cotidiano. Buscan la magia y el símbolo en lienzos de comedido silencio en los que hay una tensión narrativa, muchas veces generada porque los personajes que comparten la escena no se miran, están aislados cada uno en su mundo, como en aquel triste autorretrato familiar suyo del año 12.

Capítulo 23
Las sillas de Suzanne

En 1888, una silla en desequilibrio, marrón y azul, refleja una ausencia. Van Gogh representa la falta del amigo Paul Gauguin. Poco después, el pintor utiliza el mismo recurso para explicar la falta del padre. Sillas con nadie, sillas con alma, sillas que no aparecen vacías, sino que acogen objetos de los personajes recordados, evocando así en la ausencia la presencia deseada.

La silla como símbolo tiene un largo recorrido en la historia del arte. Desde la silla del poder –cátedra del lugar privilegiado–, pasando por la silla de la espera, hasta esta silla vacía de la ausencia. Estos asientos vacíos, apegados al orientalismo zen que vuelve a estar de moda, son recurrentes en artistas contemporáneas que utilizan el concepto del vacío para reflexionar sobre la nada en clave metafísica, como hacen Gosia Trebacz o Raquel Carbajales, por ejemplo. Otras como Luchy González Muñoz ofrecen su *Silla* con un libro y una bolsa, en la línea de Van Gogh, subrayando algunos elementos que se convierten en protagonistas. La silla es también el motivo que utiliza Joseph Cosuth en *Una, dos y tres sillas* para reflexionar sobre la realidad, la representación de la realidad y la palabra que la evoca. Todas ellas son sumamente interesantes, pero las de Van Gogh tienen alma, un alma desbocada que sale del cuadro.

Eso es lo que entiende Suzanne en los años treinta, cuando ya se le va acabando la vida. En una silla en la que antes había pintado a su gato Raminou, en 1918, pintaba su ausencia en 1936 con un pescado y un limón. El año siguiente pinta la silla con dos arenques.

Aparecen pescados y patos muertos sobre sus sillas en inquietantes cuadros de la premonición. Ella sigue en pie, con el pincel en la mano, pero la silla se convierte ya en la representación del hueco que deja el vivir sin amigos, sin familia y casi sin esperanza.

El símbolo de la silla tiene una profundidad que carga la tarea final de Suzanne. Implica la victoria sobre el cuadro. De joven, se había afanado en dibujar perfectamente. Cuando dominó la base que implica el dibujo, había pintado imitando las tendencias de sus años de juventud. De este modo, siguió practicando en su coqueteo con el fauvismo, el expresionismo incluso, el cloisonismo, y, hacia el final de sus días, llegó a comprender al genio que fue Van Gogh y le hizo un homenaje. Trasciende el dibujo para utilizarlo como transmisor de sus más íntimas meditaciones. El pescado no es el pescado, sino la clarividencia de la artista.

Ha ido tirando de los hilos que la han acompañado a lo largo de su vida personal y pictórica para llegar a la esencia del que creyeron loco, y casi sesenta años después retoma el camino que el otro dejara a medias pegándose un tiro en el pecho. Es un claro homenaje al pintor que no se podía encasillar en ningún movimiento de su época y que, por tanto, en aquel momento no gozó de fama ni prestigio.

Prueba de su acercamiento al final de su vida y de su carrera a la obra de Van Gogh es un lienzo de 1930 titulado *Ramo de flores sobre una mesa*, en el que los lirios son idénticos a los famosos lirios del otro pintor. Idéntico trazo sobrio, idéntico perfil firme, idéntica forma de la flor. También es muy parecido el desequilibrio del jarrón que se bombea más de un lado que de otro, que parece tener las asas desiguales y que se sostiene sobre una mesa que tampoco es simétrica, sobre la que parece flotar el jarro con el ramo. Cuadro en desequilibrio de una mujer que, a pesar de todo, seguía viviendo en la cuerda floja.

Hay una comunión en sus flores, pero está claro que el puntal de esa evolución hacia la profunda intensidad del pintor es su comprensión de las sillas y del poder que tienen para comunicar la tristeza sólida de las almas que están solas. En estos lienzos, la silla ha sufrido la transformación de objeto a sujeto estético porque le ha asignado un valor simbólico. Esa carga de contenido es la que otorga profundidad a las pinturas de los últimos años de su vida. Es entonces, cuando está sola y es vieja, cuando tiene tiempo a solas. Eso puede resultar duro o difícil, pero es también imprescindible para pensarse y encontrarse. Sin amigos ni maestros, sin familia, ya en esa edad en la que apenas quedan tampoco enemigos, establece un profundo diálogo consigo misma y el arte emerge en estado puro.

El pintor chileno Guillermo d'Anna, nacido en 1994, se percata de esta relación y firma un lienzo en 2018 titulado precisamente así: *La silla de Suzanne Valadon*. En su publicación de Instagram, acompañando y explicando el cuadro, D'Anna escribe un breve texto: «Y durante largo tiempo el pintor se dedicó a esperarla. Rehusó toda otra compañía, y echó a quien sea que osara ocupar ese lugar. Delante de él, adondequiera que fuera, una silla esperaba la dulce presencia de Suzanne». Es una fantástica línea implícita que vincula las sillas de Van Gogh, Valadon y D'Anna.

Esta última silla supone, sin duda alguna, un homenaje, una defensa actual de su labor. Es una relectura en el siglo XXI, una actualización de su tarea que sugiere el vacío que la gran pintora dejó en el mundo del arte del siglo XX cuando falleció. En el lienzo de D'Anna, más de la mitad del espacio lo ocupa, paradójicamente, su ausencia. Está claro: Suzanne Valadon sentó cátedra y los nuevos pintores están ahí, esperándola, para rescatarla.

Capítulo 24
Valadonismo

Suzanne es color, genio y fuerza. Es ruptura y atrevimiento. Es valadonismo en estado puro. Está claro que, observando la evolución de sus obras, presenciamos una completa autobiografía. Suzanne se retrató en todas sus pinturas y en todos sus dibujos, no sólo en los autorretratos, dándonos pistas de su estado de ánimo y sus preocupaciones en los motivos que la van ocupando, en los colores que la atrapan. En toda su obra percibo el carácter fiero de sus pinceladas o de los trazos, pero lo que no logro identificar es qué tendencia pictórica la define mejor. Me he empapado de impresionistas, de posimpresionistas o neoimpresionistas, de fauvistas, de nabis, de expresionistas, de academicistas y de rupturistas que rompen desde puntos de vista distintos y por motivos diferentes. Me doy cuenta de que he procurado, erróneamente, encasillarla, cuando Suzanne nunca trató de encajar. Ella los sumó a todos y luego restó un poco de cada uno para quedarse con ella misma. Es genial que no pueda ser clasificada en ninguna de las tendencias. Estar dentro del saco de los posimpresionistas permite observarla en su peculiaridad. Lo suyo había sido la búsqueda de una voz propia y la había ido encontrando a medida que miraba y pintaba.

Como había hecho Paula Modersohn-Becker, aquella pintora expresionista que había afirmado «Soy yo, y cada vez espero ser más yo», Suzanne había logrado ser ella. Se había convertido en una artista que iba más allá de pintura femenina o masculina, igual que Marianne von Werefkin dijo: «No soy hombre, no soy mujer; soy yo». Suzanne iba mucho más allá de la norma y, desde luego, mucho más lejos de lo esperable. Contra lo mimético del arte clásico, ella propone la creación de lo mental. Sus colores opacos, sin matices ni transparencias, son pintura en estado puro. Café sin azúcar, whisky sin hielo. Recrea los códigos y valores que su espectador puede interpretar y los ofrece en su clave de mujer dura, hecha a sí misma, dominadora de su tiempo.

⋆ ⋆ ⋆

¿De qué botellas bebió su arte?

Percibo el simbolismo de los lienzos de tinte clásico de Puvis de Chavannes. Ella había posado para el pintor en varios cuadros en los que su cuerpo se ponía al servicio de una idea: la serenidad, la belleza ideal. El símbolo sutil de Chavannes supuso una inspiración para sus cuadros en los que un elemento va a tener muchísima fuerza, como era el caso de los pescados y los patos muertos en las sillas de sus últimos años.

De Toulouse-Lautrec, tomó el uso del color y la creación de movimiento. Hay una deuda clara en el lienzo sobre el circo que muestra a la joven artista vestida de rojo, pero también en las escenas de baño que no buscan el perfil amable, sino la realidad del cuerpo. Coincide muy bien su tono con el del cartelista que era también el de la literatura naturalista de fin de siglo que había mostrado una estética de lo feo en aras de la descripción de lo real. Realmente, esa idea de que sus modelos muestran «el lado malo» tiene mucho que ver con la literatura realista que se empezó a ocupar de temas y personajes marginales y que seguirá durante el siglo XX. Toulouse se había convertido en el pintor de los personajes que, hasta entonces y según la estética tradicional, no merecían ser pintados y creó escuela en ese sentido. Suzanne siguió su estela.

Encontramos en su arte también una influencia de Renoir en las pincelas desdibujadas que buscan más impresiones que constataciones. Sobre todo, se da en sus bodegones de flores y jarrones, que también reciben influencia de Degas. De este último, hay una clara relación con el estudio del escorzo, como alguno de sus pasteles de bailarinas.

El influjo de la obra de Gauguin sobre la suya está claro en el uso de la línea firme, negra, primitivista, que perfila el objeto dibujado contra el paisaje. Se acercó también a Matisse, quien, además, aporta el juego cromático de color plano y atrevido, el contorno llamativo en la búsqueda de fuerza y movimiento. Cézanne inspira algunas pinceladas de los bodegones con flores y frutas de Valadon.

En lo general, encontramos otras tendencias que estaban en el aire que respira la pintora y que pueden percibirse en su obra. Así, del japonismo que estaba tan de moda, recibe la influencia de las estampas ukiyo-e que representan escenas simples, pero cargadas de fuerza. Del cloisonismo, el uso de los colores planos dentro de perfiles muy bien silueteados que bebían, a su vez, del japonismo, del arte de las vidrieras de colores y del arte primitivista. De los naíf, la simplicidad de algunas figuras. De los impresionistas, el juego con los colores. De los fauvistas, lo salvaje de las pinceladas. De los expresionistas, la emoción que escapa del lienzo. De los clásicos, la composición de algunos cuadros... Y, finalmente, y sobre todo, queda la impronta de Vincent Van Gogh, más intensa en cuanto que es la que asumió en sus últimos años, esos años que suelen ser de reflexión y autoaprendizaje. Se distingue el trazo grueso que crea texturas y el estudio del color en los numerosos bodegones florales. La influencia del pintor, que ella descubre una vez muerto, es fundamental para comprender la obra valadonista. No sólo el enfoque casi naíf del trazo y lo inverosímil de las bases de los jarrones, sino, fundamentalmente, en el tema ya comentado de las sillas. Que se acumulen esos lienzos en la etapa final de Suzanne es una pista de que su pintura llega a un clímax de contenido. En su obra final funde el simbolismo, el expresionismo, el impresionismo y, fundamentalmente, el deseo de mostrar su soledad. Ya la había ido dejando en todos sus autorretratos. Esas sillas de la etapa final muestran claramente el lado pesimista de su vida, el que ha ido dándose la mano con la risa y la despreocupación que parecían caracterizarla. Esa tristeza latente emerge con fuerza en la obra final, que sigue siendo profundamente autobiográfica. El trazo a lo Van Gogh sugiere lo inestable y crea ruido en el lienzo al utilizar los colores planos y la pincelada gruesa.

En definitiva, Suzanne fue todo eso y nada de eso porque, sobre todo, fue libre por convicción. Primero bebe –cuadros de maestros y alcohol– y, después, crea. Utiliza los trazos que le parecen más eficaces para transmitir y habla a través de los lienzos en una etapa de vanguardia latente, tan peculiar y personal como que la caracteriza sólo a ella.

La imagino enfebrecida ante el lienzo, totalmente absorta y fuera del mundo que la rodea. Mezcla con fuerza los colores y los va emplastando en la tela. No hay delicadeza ni suavidad. Pinta lo que le va sugiriendo la modelo de turno, el aroma de las flores, la mirada de su gato... En un momento en que las protagonistas del arte son la experimentación, la incomodidad ante lo obligado y la lucha contra lo conocido de sobra, Suzanne entona una voz propia. Sí, claramente, su obra es valadonista. Su habitación propia, a lo Virginia Woolf, fue el estudio, tanto el que respiró como modelo como el que dominó como pintora. Allí era un espíritu libre. Pintaba lo que quería y como quería.

* * *

En un análisis cronológico de su obra, podemos establecer tres grandes etapas. Una inicial que ocupa veintitrés años de formación (1883-1908), una segunda de plenitud, que se extiende veintiún años (1909-1930), y, finalmente, otra última y más breve, de apenas siete años, en que su obra se carga de contenido metafísico (1931-1938).

Podemos considerar la primera etapa (1883-1908) como la de formación y aprendizaje. Abarca su biografía desde que es madre hasta que rompe su relación con Paul Mousis. En este período abundan los bocetos a lápiz, gracias a los que está sentando las bases de su dibujo. Es consciente de que, sea cual sea la técnica a la que se dedique, debe controlar el trazo y las proporciones. Así, destacan los bocetos del Maurice niño, de la madre, de los dos juntos, del pequeño solo, de Paul Mousis... De esta época datan también los primeros autorretratos y los retratos de Erik Satie, de Bernard Lemaire y de la madre de Lemaire. Podríamos hablar de realismo en los bocetos a lápiz. Son dibujos dinámicos, centrados en el movimiento de la figura desnuda. Destacan la línea y el volumen en estas primeras obras en las que se destila la inmediatez de lo cotidiano. Los óleos tienen un tinte expresionista tanto en su primer autorretrato como en el de Satie.

En la segunda (1909-1930), el estilo valadonista aparece con fuerza. El punto de partida vital es su encuentro con André, y 1930 supone el final, marcado claramente por el inicio de sus pinturas de tinte más pesimista y apesadumbrado. En esta etapa, su obra se caracteriza por el erotismo que destilan sus cuerpos desnudos tanto femeninos como masculinos. En el caso del hombre, el modelo es siempre André. Por lo que se refiere a los desnudos femeninos, podemos encontrar una gran variedad de mujeres de edades diversas y color de piel diferente (destacan sus venus negras). Se dedica también, en estos años, a los lienzos de flores. En ellos, hay una reminiscencia de los maestros impresionistas que tiene en cuenta y un estudio propio del cromatismo. Se dedica a analizar almas y colores. Sus mujeres parecen resolutivas y se muestran cómodas. Los ramos ofrecen un amplio abanico cromático que busca matices más allá de los planos a los que se había dedicado en algunos de sus lienzos de desnudo con sábanas y cortinas.

Finalmente, la tercera etapa (1931-1938) se inicia con el autorretrato de vejez y finaliza pocos minutos antes de su muerte, porque es entonces cuando dejó de pintar. La imagen del autorretrato desnudo abre paso a los bodegones, tan importantes en su trayectoria. En esos lienzos finales hay mucho de pensamiento dirigido hacia su hijo, de intentar comprender las fronteras difusas entre la vida y la muerte, entre la cordura y la locura. Domina en este periodo final lo metafísico.

Su obra es una evolución clara, siempre desde la confesión personal, que muestra un reflejo de su existencia. Todo su mundo queda reflejado en los dibujos y óleos, en los grabados. Sus gentes, sus lugares y sus miedos están en los cuadros que van evolucionando en busca de un estilo personal al que aspiró siempre. Contó con setenta y dos años para intentarlo y, al observar sus últimos trabajos, podemos afirmar que lo consiguió.

Habría aún, si cabe, una cuarta etapa: la que nos lleva a admirarla.

⋆ ⋆ ⋆

Su talento nos ha dejado una obra de 273 dibujos, 478 pinturas y 31 grabados. Recorrer su vida, además, equivale a acercarse a un enorme elenco de artistas que vivieron en el Montmartre de fin del siglo XIX e inicios del XX que influyeron sobre ella o sobre los que ella influyó. Estuvo rodeada de mitos antes de saber que lo eran y ella favoreció que muchos de ellos acabaran siéndolo al regalarles su imagen a algunos y a otros también su aliento y sus orgasmos.

Persiguiendo a Suzanne al hilo de esta búsqueda, viajé a sus lugares y me paseé por las estancias que habían sido suyas. En el Museo de Montmartre se conserva intacto su estudio y su piso. Una miniexposición inmersiva recupera su memoria y me emocioné en la sala oscura rememorando los días de la artista que tanto había imaginado. El jardín sigue siendo su jardín y es una visita inexcusable para entrar en su alma indómita.

En la bibliografía de arte del siglo XXI, afortunadamente, ya no se olvidan de su nombre. Desde el año 2006, en que Victoria Combalía la recoge en *Amazonas con pincel*, encontramos referencias a ella en Frances Borzzello (2019), Manuel Jesús Roldán (2021), Maura Reilly (2022) y en una ambiciosa recolección de mujeres artistas titulada *Ellas* (2022). En el 2023, aparece su imagen coloreada por la fotógrafa Marina Amaral en un volumen colectivo titulado *Pio-*

neras. El color nos acerca a la artista de manera sobrecogedora. Suzanne nos mira y nos interpela, entramos con ella en la intimidad de su estudio. Está claro que la figura de Suzanne es emergente, y cada vez más espectadores conocen y conocerán su obra. Por fortuna, algunos de los pocos cuadros suyos que no pertenecen a colecciones privadas pueden disfrutarse hoy porque se exponen en públicos lugares de prestigio.

En este sentido, hay más de dieciocho museos que albergan algunas de sus obras. Algunos de ellos son estadounidenses: Albright-Knox, de Buffalo; National Museum of Women in the Art, en Washington; Museo de Arte de Carnegie; Metropolitan Museum of Art, Museum of Modern Art, en Nueva York; Museum of Fine Arts, en Houston. También hay cuadros suyos en otros lugares del mundo, como el British Museum de Londres; el Seiji Togo Memorial Sompo Japan Nipponkoa Museum of Art de Tokio; el Musée d'Unterlinden en Colmar; el Musée des Beaux Arts de Lyon; el Petit Palais de Ginebra, en Suiza, así como en el Musée de Montmartre y el Centro Georges Pompidou de París.

Destacan diversas retrospectivas póstumas que ha merecido su figura y su obra recientemente. La fundación Barnes, de Filadelphia, le dedicó una titulada *Suzanne Valadon. Modelo. Pintora. Rebelde*. Se pudo disfrutar entre septiembre de 2021 y enero de 2022. En ese homenaje, se destacaba la originalidad de Suzanne y su valor como una de las piezas indispensables en la pintura francesa del siglo XX.

Este mismo año 2024, tras estar exhibida en el Centre Pompidou-Metz primero y en el Musée d'Art de Nantes después, una exposición suya llega a Barcelona. La obra de Suzanne se mostrará entre el 19 de abril y el 1 de septiembre en el MNAC.

Wikipedia nos informa de algunas anécdotas referidas a Suzanne Valadon, como que da nombre a un asteroide, a un cráter de Venus, a la plaza de París desde donde sale el funicular en su ascenso hacia Montmartre… Por fortuna, cada vez más páginas de internet recuperan su figura –sobre todo, a raíz de las recientes exposiciones–, y en YouTube se encuentran también documentales que la acercan al público actual. Y es que esta mujer fue arrebatadora y genialmente auténtica en un tiempo en que el arte hervía y la inspiración golpeaba los lienzos. Suzanne vivió ese tiempo con su mirada incisiva, con el pincel en la mano y los prejuicios en la basura.

Capítulo 25
Los encuentros circulares

El cielo es azul, el aire naranja y los pasillos están llenos de cuadros. Es una mañana cálida de julio. Como al inicio de esta búsqueda, Quim y yo estamos paseando por un museo; en este caso, vagabundeamos por la sala de arte moderno del MNAC, en Barcelona. Hemos ido primero a visitar al pantocrátor, obligado encuentro siempre que venimos aquí. Luego, claro, decidimos contemplar las pinturas que más seducen al historiador: la sala de arte contemporáneo. Lo sigo.

Al entrar en la sala, me topo cara a cara con Miquel Utrillo. Ya casi tengo acabado este perfil de Suzanne cuando me encuentro inesperadamente con él. Había visto en algún momento de mi investigación que este cuadro estaba ahí, pero lo cierto es que no lo recordaba. Es un retrato a tamaño real realizado por Santiago Rusiñol en 1891, en la época en la que se había reencontrado con Suzanne en París.

Ahora, ese año de 1891 se ha cargado de significados para mí. Es el año de una fotografía conservada en blanco y negro en que podemos observar su desnudez. Es el año de la ruptura con Utrillo. El mismo año en que su hijo gana un apellido. Es el año en que Utrillo la dibujó a lápiz y ella a él. El mismo año en que Rusiñol firmó este cuadro. Detenido mi tiempo ante el cuadro que me ofrece al periodista de perfil, en actitud de serena soberbia, ensimismado o incómodo porque no le gusta posar, siento un escalofrío. Me abstraigo de todo lo que me rodea, del mundo, de los otros cuadros, de los vigilantes que aquí no tienen ganas de hablar.

Entramos en comunión el que está dentro y la que lo está mirando durante unos segundos en que cobran vida todos los personajes que han ido apareciendo en esta historia. Me emociono. Siento que desde su lugar en el lienzo me asegura que aquí estuvieron todos, que fueron de verdad, que vivieron, que sufrieron, que amaron, que existieron más allá de los óleos, de las referencias en los libros y en las páginas de internet. Se me representa como el punto y final de este relato que había nacido también en el silencio de un museo y en el pálpito de otro rostro.

Ante el cuadro que representa a Miquel Utrillo, soy plenamente consciente de que Suzanne Valadon existió. Materializo el objeto de estudio en mujer latente. Entiendo entonces, desde el corazón, que Marie Clémetine Valade, la salvaje Marie, la madre, la amante, la esposa, la hija, la enemiga y la cómplice Suzanne Valadon, pintó con toda la rabia inesperadamente cálida y serena que tenían las olas naranjas del amanecer de Sitges aquel día ya lejano que tuve la fortuna de encontrarme cara a cara con la fuerza de su retrato.

Blanca Bravo
Vilassar de Mar, 31 de enero de 2024

Historia, vida y obra seleccionada

1852: Tras la revolución de 1848 y el derrocamiento de Luis Felipe I, Napoleón III Bonaparte establece el Segundo Imperio francés.

1863: Napoleón III crea el Salón de los Rechazados, donde expondrán los artistas enfrentados al arte académico que serán llamados despectivamente «impresionistas». Ése es el pistoletazo de salida para la nueva pintura innovadora y rupturista.

1865: Nace Marie Clémentine Valade, el 26 de septiembre de 1865, en Bessines. Es hija de Madeleine Valade, una viuda de treinta y cuatro años, y de padre desconocido.

1870: Se traslada junto a su madre al barrio de Montmartre, en París. Estudia en el colegio de monjas Saint Vincent de Paul, en pleno corazón de Montmartre. Guerra franco-prusiana. Se establece la III República, que durará setenta años, entre 1870 y 1940.

1871: Firma del Tratado de Versalles. Victoria de Alemania. Pérdida de Alsacia y Lorena por parte de Francia. Comuna de París entre marzo y mayo.

1874: Valadon abandona los estudios y empieza a trabajar en una fábrica.

1880: Empieza a trabajar como trapecista en el circo tras haber ejercido como florista, costurera, verdulera y camarera.

1881: Sufre una caída del trapecio y abandona el mundo circense. Empieza a posar como modelo. Primeras tentativas pictóricas.

1882: Durante seis meses, vive con el prestigioso pintor Puvis de Chavannes, cuarenta años mayor que ella.

1883: Breve relación sentimental con el crítico de arte catalán Miquel Utrillo. El 26 de diciembre da a luz a su único hijo, Maurice Valadon. Primer autorretrato.

1884: Posa para Renoir. Sigue pintando en la intimidad.

1886: Entre este año y 1889, relación con Toulouse-Lautrec, quien le presenta a Degas.

1889: Exposición Universal de París. Construcción de la Torre Eiffel.

1891: Relaciones intermitentes con Miquel Utrillo y Paul Mousis. Fecha del retrato de Suzanne firmado por Utrillo y el de Utrillo firmado por Suzanne. Fecha de la cesión del apellido al hijo por parte de Utrillo.

1893: Relación con Erik Satie. *Retrato de Erik Satie. Retrato de Bernard Lemaire.*

1894: Se convierte en la primera mujer en conseguir el permiso para exponer en la Academie des Beaux Arts. Trabaja el grabado en el estudio de Degas. *Autorretrato. Retrato de la madre de Bernard Lemaire.*

1896: Se va a vivir con Paul Mousis.

1897: Empiezan a gestionar sus obras Lebrac de Bouteville y Ambroise Vallard.

1898: Zola escribe el impactante *J'acuse*, denunciando las irregularidades en el caso Dreyfus. Esta carta marca el inicio de la importancia de la prensa como el cuarto poder. El diario ofrece a los intelectuales una destacada tribuna para influenciar en la opinión pública. *Autorretrato.*

1908: *Después del baño. El baño. Mujer con contrabajo.*

1909: Rompe su relación con el adinerado Paul Mousis y empieza un idilio con André Utter, un amigo de su hijo veintiún años más joven que ella. La relación durará veinticinco años. *Adán y Eva.*

1910: *Bodegón con cerámicas y vidrio. Dibujos de André desnudo.*

1911: Primera exposición individual en la galería de Clovis Sagot. *Alegría de vivir.*

1912: Participa en una exposición colectiva en Múnich, también a cargo de Clovis Sagot. *La echadora de cartas. Autorretrato con la familia.*

1913: Año de la primera exposición en la galería de Berthe Weill. Desde entonces, expondrá dieciocho veces más, hasta 1932. *Retrato de Marie Coca y su hija Gilberte. Mujer en la toilette.*

1914: Se casa con André Utter antes de que éste se vaya a la guerra. *La red.* Crítica demoledora de Cravan en la revista de arte *Maintenant. Rosas en un vaso.*
Inicio de la Primera Guerra Mundial.

1915: Exposición individual de Suzanne en la galería de Berthe Weill. Empieza a ser una artista de fama y prestigio.

1917: *Retrato de una mujer.*

1918: *Estudio de gato. Dos gatos. Raminou en una silla.*
Fin de la guerra a mediados de noviembre.

1919: André regresa a casa, tras pasar el mes de diciembre todavía movilizado. *Ramo y gato. Venus negra. Mujer sentada sujetando una manzana. Rosas. Florero con flor.*

1920: Socia del Salon d'Automne, en el que venía participando desde 1909. *Desnudo en el sofá. Mujer mirándose en el espejo. Desnudo con telas. Louison y Raminou. Vaso de rosas sobre mesa redonda. Mujer con guitarra. Flores en un muro.*

1921: *Retrato de Maurice Utrillo. La pérdida de la muñeca.*

1922: *Retrato de Monsieur Charles Wakefield-Mori. Retrato de Madame Lévy. Retrato de Miss Lily Walton. Retrato de Madame Kars. Desnudo con sábana.*

1922: *Vista desde mi ventana en Genets.*

1923: Compra el castillo de Saint Bernard, al norte de Lyon. *La habitación azul. Dos mujeres en el baño.*

1924: *Retrato de María Lani. Mujer con medias blancas. Flores en un jarrón.*

1927: Retrospectiva de su obra en la galería de Berthe Weill. *Autorretrato.*

1928: Artículo ilustrado en la revista *Deutsche Kunst und Dekoration* que le proporciona prestigio internacional. *Desnudo reclinado. Desnudo reclinado con sombrero. Flores en un vaso frente a un espejo. Flores y frutas.*

1929: Monográfico de Adolphe Basler. Retrospectiva de su obra en la galería Bernier.
Crac de la bolsa de Nueva York que supone una crisis económica mundial.

1930: *Silla con pato muerto. Desnudo con manta azul. Ramo de flores sobre una mesa.* Clara influencia de Vicent Van Gogh.

1931: Retrospectiva de su obra en la galería Le Centaure, de Bruselas. *Autorretrato desnudo.*

1932: Retrospectiva de su obra en la galería Georges Petit. *André Utter y sus perros. Raminou con claveles. Flores dedicadas a Madame Coquiot.*

1933: Participa en el Salon des Femmes Artistes Modernes.

1934: Fin de la tumultuosa relación con André Utter. Último autorretrato.

1935: Padece diabetes y uremia. Maurice se casa con la viuda de un marchante de arte llamada Lucie Valore.

1936: El Estado francés le compra varias obras. *Retrato de Geneviève Camax-Zoegger. Silla con pescado y limón. Silla con pato muerto.*
Inicio de la Guerra Civil española.

1937: Retrato de *Madame Maurice Valadon (Lucie Valore). Silla con pescados.*
Exposición Internacional de París. Junto a la Torre Eiffel, a un lado se mostraban los pabellones de la Alemania nazi y al otro, los de la Unión Soviética, simbolizando la división existente en el mundo en 1937, antesala de la inminente Segunda Guerra Mundial.

1938: El 7 de abril fallece a causa de un ictus. Acuden a su funeral Derain, Picasso, Kars y Braque. Su nuera, Lucie Valore, se ocupa de todas las gestiones. Maurice, absolutamente perdido y superado por la pérdida, no asiste al entierro. Sus restos reposan en el cementerio de St. Ouen Seine-St. Denis, de París.

1943: Bathasar Klossowski de Rola, Balthus, pinta *El salón*, en el que hay una clara influencia de la estética de Valadon.

1956: John Storm le dedica una documentadísima biografía a su figura.

2017: Guillermo d'Anna pinta *La silla de Suzanne Valadon*, un interesante homenaje contemporáneo a la pintora.

2023: Exposición en el Centro Pompidou-Metz, del 15 de abril al 11 de septiembre. Llevada después al Museo de Bellas Artes de Nantes, del 27 de octubre al 11 de febrero de 2024.

2024: La Exposición llega desde Nantes al Museu Nacional d'Art de Catalunya (MNAC), del 19 de abril al 1 de septiembre.

Personajes destacados en esta historia

Braque, Georges (Argenteuil, 13 de mayo de 1882 - 31 de agosto de 1963), pintor y escultor considerado como uno de los iniciadores del cubismo. Junto a Dérain y Picasso, acudió al entierro de Suzanne.

Cravan, Arthur (Lausana, Suiza, 22 de mayo de 1887 - México, 1918), pseudónimo de Fabien Avenarius Lloyd, artista multidisciplinar y considerado el precursor del dadaísmo. Fue un personaje excéntrico, boxeador además de escritor. Se casó con Mina Loy, con quien tuvo una hija que no llegó a conocer porque desapareció en el mar cuando viajaba en barco.

Degas, Edgar (París, 19 de julio de 1834 - 27 de septiembre de 1917), pintor, escultor y grabador. Ejerció de tutor y maestro de Suzanne en el arte del grabado y la introdujo en los círculos artísticos parisinos.

Dérain, André (Chateau, 10 de junio de 1880 - Garches, 8 de septiembre de 1954), pintor fauvista que acudió junto a Braque y Picasso al entierro de Suzanne Valadon, a la que admiraban.

Forain, Jean Louis (Reims, 23 de octubre de 1852 - París, 11 de julio de 1931), pintor e ilustrador en la órbita de Toulouse-Lautrec. Es considerado el más joven de los impresionistas. Suzanne posó para él en su juventud.

Gonzalès, Eva (París, 19 de abril de 1849 - 6 de mayo de 1883), pintora impresionista, alumna de Manet. Es una de las pintoras que despunta en el París del XIX.

Henner, Jean Jacques (Bernwiller, 5 de marzo de 1829 - 23 de julio de 1905), pintor célebre por sus retratos y desnudos. Suzanne también posó para él.

Heuzé, Edmond (París, 26 de septiembre de 1883 - 4 de marzo de 1967), pintor, dibujante y grabador, así como director de la galería Salgot. Vendió numerosos cuadros de Suzanne y de Maurice.

Kars, Georges (Austria-Hungría, 1882 - Suiza, 1945), dibujante y pintor. Amigo de Suzanne, como también lo fue su esposa Nora. Kars hizo el último retrato de la artista en su lecho de muerte.

Kars, Nora, esposa de Georges Kars. Amiga íntima de Suzanne.

Loy, Mina (Londres, 27 de diciembre de 1882 - 25 de septiembre de 1966), pintora, escritora, diseñadora y actriz, vinculada a la estética dadaísta. Es una de las pioneras de la reflexión feminista. Estuvo casada con Arthur Cravan, con quien tuvo una hija.

May Alcott Nieriker, Abigail (Massachusetts, 26 de julio de 1840 - París, 29 de diciembre de 1879), pintora estadounidense célebre por sus retratos y paisajes. Hermana pequeña de la escritora Louisa May Alcott, quien se inspiró en ella para el personaje de Amy, en *Mujercitas*.

Mirbeau, Octave (Trévières, 16 de febrero de 1848 - 16 de febrero de 1917), influyente crítico de arte que reconoce el valor de la obra de Maurice Utrillo y lo difunde.

Modersohn-Becker, Paula (Dresde, 8 de febrero de 1876 - 20 de noviembre de 1907), pintora expresionista alemana.

Modigliani, Amedeo Clemente (Livorno, 12 de julio de 1884 - Saint Étienne, 24 de enero de 1920), escultor y pintor célebre por sus figuras de rostro alargado. Amigo de Maurice, retrató a Suzanne en un cuadro que tituló *La mujer triste*.

Nittis, Giuseppe de (Barletta, 25 de febrero de 1846 - París, 21 de agosto de 1884), pintor italiano conocido por sus paisajes y sus desnudos. Suzanne fue una de sus modelos.

Picasso, Pablo (Málaga, 25 de octubre de 1881 - 8 de abril de 1973), pintor cubista, célebre por el *Guernika*. Acudió al entierro de Suzanne en abril de 1938.

Puvis de Chavannes, Pierre Cécile (Lyon, 14 de diciembre de 1824 - París, 24 de octubre de 1898), pintor simbolista que adquirió un gran prestigio. Fue uno de los fundadores, en 1890, de la Société Nationale des Beaux Arts. Suzanne fue su modelo y su amante.

Renoir, Pierre-Auguste (Limoges, 25 de febrero de 1841 - Lagnes-sur-Mer, 3 de diciembre de 1919), pintor impresionista conocido por sus paisajes y sus figuras de suave definición. Pintó a Suzanne en numerosos cuadros y mantuvo un breve idilio con ella.

Rusiñol, Santiago (Barcelona, 25 de febrero de 1861 - Aranjuez, 13 de junio de 1931), pintor y escritor catalán que retrató a Suzanne y a Miquel Utrillo.

Satie, Erik (Honfleur, 17 de mayo de 1866 - Arcueil, 1 de julio de 1925), músico y compositor considerado como uno de los máximos innovadores de la música moderna. Mantuvo una apasionada relación con Suzanne en 1893.

Soutine, Chaïm (Smilavichy, 13 de enero de 1893 - París, 9 de agosto de 1943). Se trasladó a París en 1913 y fue, junto con Maurice Utrillo y Amedeo Modigliani, uno de los considerados pintores malditos de la Escuela de París por su modo de vida.

Toulouse-Lautrec, Montfa, Henri Marie Raymond de (Albi, 24 de noviembre de 1864 - Saint André du Bois, 9 de septiembre de 1901), cartelista, dibujante y pintor que se dedicó a reflejar el mundo de la bohemia parisina. Mantuvo una relación sentimental con Suzanne y la puso en contacto con Edgar Degas.

Utter, André (París, 22 de marzo de 1886 - 7 de febrero de 1948), pintor aficionado, amigo de Maurice Utrillo. Se casó con Suzanne en 1914. Su relación duró desde 1909 hasta 1934, año en que André la abandonó.

Utrillo, Maurice (París, 26 de diciembre de 1883 - Dax, 5 de noviembre de 1955), hijo de Suzanne Valadon. Se convirtió en un reconocido pintor de los rincones más pintorescos de Montmartre. Alcoholizado, pasó sus últimos años en un retiro al que lo obligó su mujer, Lucie Valore.

Valadon, Jules Emmanuel (París, 10 de octubre de 1826 - 28 de marzo de 1900), pintor, académico y caballero de la Legión de Honor que fue confundido por su apellido con Suzanne en la exposición de la Nationale en 1914.

Valore, Lucie (Angulema, 18 de marzo de 1878 - París, 19 de agosto de 1965). Divorciada del escultor Joseph Bernaud y viuda del rico banquero Robert Pauwels, se casó el 18 de abril de 1935 con Maurice Utrillo. Lucie Valore consigue que Maurice supere en gran medida su dependencia al alcoholismo.

Van Gogh, Vincent (Zundert, 30 de marzo de1853 - Auvers-sur-Oise, 29 de julio de 1890), pintor al que Suzanne vio una noche en una de las fiestas de Toulouse-Lautrec y le causó gran impresión. Ella valoró su pincelada de trazo grueso por su creación de textura en el cuadro.

Weill, Berthe (París, 20 de noviembre de 1865 - 17 de abril de 1951), comerciante de arte francesa y galerista que promocionó a artistas como Picasso, Matisse, Modigliani y Diego Rivera. Ofreció a Suzanne su galería para exponer, lo que le supuso el trampolín hacia el éxito.

Willette, Adolphe (Châlons-sur-Marne, 31 de julio de 1857 - París, 7 de febrero de 1926), pintor, ilustrador y caricaturista, formado bajo la tutela de Alexandre Cabanel. Suzanne posó para él en su juventud.

Zandomeneghi, Federico (Venecia, 2 de julio de 1841 - París, 31 de diciebre de 1917), pintor impresionista formado en la Academia de Bellas Artes de Venecia. En 1874, se instala en París. Suzanne también posa para él.

Bibliografia

Amaral, Marina y Dan Jones, *Pioneras (1850-1960)*, Desperta Ferro Ediciones, Madrid, 2023.

Argullol, Rafael, *Maldita perfección. Escritos sobre el sacrificio y la celebración de la belleza*, Acantilado, Madrid, 2013.

Borzello, Frances, *Seeing ourselves. Women's self-portraits*, Thames & Hudson, Londres, 2019.

Cañadas Cerón, Mariona, *Suzanne Valadon. Una nova mirada al nu femení*, TFG, Universitat de Barcelona, Barcelona, 2014.

Combalía, Victoria, *Amazonas con pincel. Vida y obra de las grandes artistas del siglo XVI al siglo XXI*, SD Edicions, Barcelona, 2020.

Gombrich, Ernest, *La historia del arte*, Debate, Madrid, 1997.

Mayayo, Patricia, *Historias de mujeres, historias del arte*, Cátedra, Madrid, 2011.

Muiña, Ana, *Mina Loy. Futurismo. Dadá. Surrealismo*, La Linterna Sorda, Madrid, 2019.

Negroni, María, *Objeto Satie*, Caja Negra Numancia, Buenos Aires, 2018.

Plath, Sylvia, *Diarios*, Alianza Editorial, Madrid, 1996.

Reilly, Maura (ed.), *Mujeres artistas. Ensayos de Linda Nochlin*, Alianza Editorial, Madrid, 2022.

Roldán, Manuel Jesús, *Historia del arte con nombre de mujer*, El Paseo Editorial, Sevilla, 2021.

Storm, John, *The Valadon Drama. The Life of Suzanne Valadon*, E. P. Dutton & Co., Nueva York, 1959.

Valdivieso, Mercedes, «El autorretrato femenino», en *Pensar las diferencias*, Mercedes Vilanova *et. al.*, Universidad de Barcelona, Barcelona, 1994, pp. 97-124.

Vallés Eduard y Philip Dennis Cate, *Suzanne Valadon. Una epopeya moderna*, catálogo de la exposición en el Museu Nacional d'Art de Catalunya, 2024.

Van Gogh, Vincent, *Cartas a Theo*, Paidós, Barcelona, 2004.

VV. AA., *Ellas. Diccionario de mujeres artistas hasta 1900*, Exit Publicaciones, Madrid, 2022.

Vella, Alfonso, *Satie. La subversión de la fantasía*, Península, Satie, 2013.

Walther, Ingo F., *Impresionismo (1860-1920)*, Taschen, Madrid, 2020.

Warnod, Jeanine, *Suzanne Valadon*, Clematis Press, Londres, 1981.

Webgrafía

Blog de Guillermo d'Anna, *La silla de Suzanne Valadon*, 10 de abril de 2018:
http://guillermodanna.blogspot.com/

Bonjour, Biqui, bonjour, Erik Satie:
https://www.youtube.com/watch?v=UNydFpmjtyQ

Vexations, Erik Satie:
https://www.youtube.com/watch?v=sKKxt4KacRo

Devenir Valadon. Portraits de Femmes incroyables et méconnues:
https://www.youtube.com/watch?v=cm4q0FwplfU

101 obras de Suzanne Valadon:
https://www.youtube.com/watch?v=KVm3zut5PXw

596 obras de Maurice Utrillo
https://www.youtube.com/watch?v=WB1Kr_ZDvXw&t=1918s

A través de los ojos del artista: Suzanne Valadon, por Felicia Zavarella Stadelman:
https://www.youtube.com/watch?v=mvpe–Ulknhs

Agradecimientos

A Suzanne Valadon, porque su mirada me atrapó desde que la vi.

A Quim, porque fue cómplice en esta búsqueda.

A María, porque la creatividad tinta sus dedos.

A Pau, porque intuye lo que pienso.

A mi madre, porque siempre me escucha.

A mi padre, porque me enseñó a pintar.

A Oriol Casals, porque me iluminó entre los pentagramas.

A Carles Miret, porque me habló por primera vez de Suzanne Valadon.

A Isabel Martí, de IMC, porque se entusiasma con mis ideas.

A Jordi Gracia, porque le pareció que esta vida valía la pena.

A Penélope Acero, porque conocía a Suzanne antes de saber que la conocía.

Esta edición de *Suzanne Valadon*,
de Blanca Bravo,
se terminó de imprimir en Huertas Industrias Gráficas,
el 26 de mayo de 2024